REALSCHULE 2016
Original-Prüfungsaufgaben und Training

Lösungen

Deutsch

Hessen

2012–2015

STARK

© 2015 by Stark Verlagsgesellschaft mbH & Co. KG
12. ergänzte Auflage
www.stark-verlag.de

Das Werk und alle seine Bestandteile sind urheberrechtlich geschützt. Jede vollständige
oder teilweise Vervielfältigung, Verbreitung und Veröffentlichung bedarf der ausdrücklichen
Genehmigung des Verlages.

Inhalt

Vorwort

Lösungen zu den Übungsaufgaben im Stil der Abschlussprüfung

Aufgabe 1: Kerstin Viering: Ängstliche Riesen 1
Aufgabe 2: Christian Wolf: Hirnforschung 13
Aufgabe 3: Joseph Freiherr von Eichendorff: Frische Fahrt 24
Aufgabe 4: Erich Kästner: Die Zeit fährt Auto 35
Aufgabe 5: Heinrich Böll: Es wird etwas geschehen 45
Aufgabe 6: Gabriele Wohmann: Denk immer an heut Nachmittag 57

Lösungen zu den Abschlussprüfungsaufgaben

Jahrgang 2012
Text 1: Reiner Kunze: Clown, Maurer oder Dichter .... D 2012-1
Text 2: Nicola von Lutterotti: Viel trinken müssen – eine Mär .... D 2012-11
Sprachliche Richtigkeit .... D 2012-20

Jahrgang 2013
Text 1: Heinrich Böll: Mitternacht ist vorüber .... D 2013-1
Text 2: Uli Hauser: Energie fürs Leben .... D 2013-12
Sprachliche Richtigkeit .... D 2013-24

Jahrgang 2014
Text 1: Heinrich Heine: Ich wollte bei dir weilen .... D 2014-1
Text 2: Mirco Lomoth: Ausweitung der Wohnzone .... D 2014-13
Sprachliche Richtigkeit .... D 2014-25

Jahrgang 2015
Text 1: Kurt Tucholsky: Die Kunst, falsch zu reisen .... D 2015-1
Text 2: Michael Kraske: Seite an Seite .... D 2015-13
Sprachliche Richtigkeit .... D 2015-25

Jeweils im Herbst erscheinen die neuen Ausgaben der
Abschlussprüfungsaufgaben mit Lösungen.

Autoren:

Susanne Falk (Übungsaufgaben 1–4, 6; Lösungen zu den Prüfungsaufgaben 2012 bis 2015)
Wencke Sockolowsky (Übungsaufgabe 5)

Vorwort

Liebe Schülerin, lieber Schüler,

dies ist das Lösungsheft zum Band *Prüfungsaufgaben und Training Deutsch Realschule Hessen* im A4-Format (Best.-Nr. 61540 und 61540ML). Es enthält ausführliche und kommentierte Lösungen zu den Übungsaufgaben im Prüfungsstil sowie zu den vom hessischen Kultusministerium gestellten offiziellen Abschlussprüfungsaufgaben der Jahre 2012 bis 2015.

Die Lösungen ermöglichen es dir, deine Leistung einzuschätzen. Es handelt sich um **Lösungsvorschläge**, die dir zeigen, wie man die Aufgaben richtig und umfassend beantworten kann. Das heißt, dass auch andere Lösungen als die hier abgedruckten möglich sind. Die Lösungen sind manchmal recht ausführlich und geben dir Anregungen, was du alles schreiben könntest. Das heißt nicht, dass deine Antworten auch immer so lang sein müssen. Wichtig ist, dass du die Hinweise beachtest, die in der Aufgabenstellung genannt sind, und alles **vollständig** und **richtig** bearbeitest.

Außerdem gilt: Versuche stets, die Aufgabe zunächst **selbstständig** zu lösen, und sieh nicht gleich in der Lösung nach. Solltest du nicht weiterkommen, helfen dir die grau markierten ✔ **Hinweise und Tipps**. Wenn du sie gelesen hast, solltest du unbedingt selbstständig weiterarbeiten. Weitere grundsätzliche Hinweise zur Bearbeitung der Aufgaben gibt dir der Band *Prüfungsaufgaben und Training Deutsch Realschule Hessen*. Am Schluss solltest du deine Lösung in jedem Fall mit der hier angebotenen Lösung vergleichen und deine eigenen Ergebnisse kontrollieren und vielleicht korrigieren oder ergänzen.

Sollten nach Erscheinen dieses Bandes noch wichtige Änderungen für die Abschlussprüfung 2016 vom Kultusministerium bekannt gegeben werden, findest du aktuelle Informationen dazu im Internet unter:
www.stark-verlag.de/pruefung-aktuell

Viel Erfolg bei der Abschlussprüfung wünscht dir das Autorenteam!

> **Abschlussprüfung Deutsch an Realschulen in Hessen**
> **Übungsaufgabe 1**

Text: Kerstin Viering: Ängstliche Riesen

Teil I: Lesen

1. a) Felix Mathenge verlor durch den Angriff der Elefanten ...

    $\boxed{X}$ mehr als drei Viertel seiner Maisernte.

    ✦ Hinweis: Du findest die richtige Antwort in Z. 18 f. Dort heißt es, dass Felix Mathenge achtzig Prozent seiner Maisernte verloren hat, das sind etwas mehr als drei Viertel (75 %).

   b) Lucy King suchte im Rahmen ihrer Doktorarbeit nach Möglichkeiten, ...

    $\boxed{X}$ wie man Menschen und Elefanten vor gefährlichen Zusammenstößen schützen kann.

    *✦ Hinweis: Du findest die richtige Antwort in Z. 26 f. Es geht darum, die Zusammenstöße von Mensch **und** Tier zu verhindern, das bedeutet, dass versucht wird, nicht nur die Menschen zu schützen, sondern auch die Elefanten.*

2. **Aussagen**

	richtig	falsch
Die Elefanten sind aggressiver geworden.	☐	$\boxed{X}$
Der Lebensraum der Elefanten nimmt durch die wachsende Bevölkerung ab.	$\boxed{X}$	☐
Der Klimawandel vertreibt die Elefanten aus ihren ursprünglichen Gebieten.	☐	$\boxed{X}$
Die Elefantenbestände erholen sich, weil die Wilderei nachgelassen hat.	$\boxed{X}$	☐

✦ Hinweis: Vgl. Z. 34–39. Dort steht zum einen, dass sich die Elefanten von den „Wilderei-Exzessen" erholt hätten, d. h., die übermäßige (exzessive) Wilderei hat nachgelassen. Zum anderen „schrumpft" ihr Lebensraum durch die wachsende Bevölkerung, d. h., ihr Lebensraum nimmt ab. Es gibt also wieder mehr Elefanten und gleichzeitig weniger Platz für sie. Mensch und Elefant haben weniger Raum, sich aus dem Weg zu gehen; es kommt häufiger zu Zusammenstößen.

3.

Organisation	Land	Projektmitarbeiter	Maßnahme
Mid-Zambezi Elephant Project	Simbabwe	Loki Osborn, Guy Parker	*Verbrennen von Chili-Schoten*
Save the Elephants	Kenia	Lucy King, Fritz Vollrath, Iain Douglas-Hamilton	gezielter Einsatz von Bienen (Zäune aus mit Draht verbundenen Bienenstöcken)

✦ **Hinweis:** *Die Informationen zum Mid-Zambezi Elephant Project findest du in Zeile 72–85. Für die Organisation „Save the Elephants" genügt es, wenn du angibst, dass die Mitarbeiter die abschreckende Wirkung von Bienen nützen wollen (vgl. Z. 86–97). Gut ist natürlich, wenn du auch die konkrete Maßnahme nennen kannst, die du etwas weiter hinten im Text findest (vgl. Z. 148–150).*

4. a) – Einzäunungen: Steinwälle, Umfriedungen aus Dornengestrüpp, Elektrozäune (Z. 52–55)
　　– Lärm durch Trommeln oder Feuerwerkskörper (Z. 65–69)
　　– Abwehrmittel aus Chili-Schoten: Chili-Spray, Chili-Briketts, Chili-Öl (Z. 79–85)
　　– Zäune aus mit Draht verbundenen Bienenstöcken (Z. 148–150)

　　b) Kenia, Tansania, Simbabwe

✦ **Hinweis:** *Kenia (Z. 5, 10, 43 u. a.), Simbabwe (Z. 74), Tansania (Z. 134). (Für die Nennung aller drei Länder erhältst du zwei Punkte, für zwei Länder einen Punkt, für nur ein Land wird kein Punkt vergeben.)*

5.

Aussage	Nummer
Fliehende Elefanten stoßen ein grollendes Geräusch aus, das für ihre Artgenossen ebenfalls ein Signal zur Flucht ist.	9
Auf ihrer Suche nach Futter und Wasser verlassen die Elefanten ihre Schutzgebiete.	3
Von Lärm lassen sich Elefanten nur kurzfristig vertreiben.	5
Im August 2007 plünderte eine Elefantenherde das Maisfeld des kenianischen Bauern Felix Mathenge.	1

Mit einem speziellen Bienenzaun lässt sich die Ernte vor hungrigen Elefantenherden schützen.	10
Die Zoologin Lucy King fand heraus, dass das Summen gereizter Bienen Elefanten zum Rückzug veranlasst.	8
In freier Wildbahn machen Elefanten um Bienenstöcke einen großen Bogen.	7
Produkte aus Chili-Schoten sind ein wirksamer Schutz gegen plündernde Elefantenherden.	6
Die englische Zoologin Lucy King wollte eine Methode finden, gefährliche Zusammenstöße zwischen Mensch und Tier zu verhindern.	2
Sie lassen sich von Wällen und Zäunen nicht davon abhalten, ganze Felder zu zerstören.	4

6. ☒ Nur D und E sind richtig.

Hinweis: Aussage A ist falsch (vgl. Z. 140–142). Aussage B ist ebenfalls falsch: In Zeile 10–15 wird zwar beschrieben, wie Elefanten das Maisfeld des Bauern Mathenge plünderten, dass Mais jedoch die einzige Nahrungsquelle der Tiere ist, lässt sich dem Text nicht entnehmen. Aussage C ist falsch, da es im Text heißt: „Elefanten sind Wanderer, die [...] immer wieder die Grenzen dieser Refugien [Schutzgebiete] überschreiten." (Z. 45–47)

7. – Lead/Teaser: Kurze Zusammenfassung der Kernaussage des Textes. (Z. 1–6)
   – Szenischer/erlebnisorientierter Einstieg: Elefantenherde zerstört das Maisfeld eines afrikanischen Bauern; dient als Aufhänger für den dargestellten Sachverhalt (Z. 7–20)
   – Expertenmeinung, hier: Zitate der Elefantenforscherin Lucy King (Z. 40–42, 55–58, 111–114, 136–138); Versuchsergebnisse in Zahlen (Z. 103–106, 154–160)
   – Zahlen, Daten, Fakten als Hintergrundwissen, hier: Gründe für die Zunahme der Plünderungen durch Elefantenherden (Z. 32–39)
   – Fazit: Erfolgreicher Einsatz des von Lucy King entwickelten Bienenzauns. (Z. 161–168)

- lebendige Sprache: Verwendung von Sprachbildern (z. B. Z. 13–15: „Wie eine Naturgewalt walzte die Herde über den Acker [...].“), treffende Adjektive (z. B. Z. 23: „plündernde Dickhäuter“, Z. 30: „summender Verbündeter“, Z. 74: „beißender Rauch“, Z. 125 „wütende Insekten“), Redewendungen (Z. 151 f.: „zwei Fliegen mit einer Klappe schlagen“)
- typischer Wechsel von allgemeinen Erläuterungen und Beispielen (z. B. Z. 51–59, 125–139)

8. a) Dickhäuter (Z. 23, 62), graue Riesen (Z. 51, 99), Giganten der Savanne (Z. 126), vierbeinige Plünderer (Z. 147 f.)

    b) Es handelt sich um Metaphern.

    *Hinweis: Erinnere dich: Bei einer Metapher wird ein Begriff durch ein oder mehrere Wort(e) **ersetzt**, die aus einem anderen Vorstellungsbereich stammen. Hier wird das Wort „Elefanten“ z. B. ersetzt durch „graue Riesen“.*

9. *Hinweis: Hier wird von dir erwartet, dass du die Aufgaben in vollständigen Sätzen (nicht in Stichpunkten) und mit eigenen Worten beantwortest. Achte folglich darauf, nicht zu viele Formulierungen aus dem Text zu übernehmen. Bei Aufgabe a) sollst du kurz zusammenfassen, was die Wissenschaftlerin mit dem Begriff „Bienen-Alarm“ meint. Lies dazu noch einmal die Textstelle, die dem Zitat vorangeht (Z. 111–121). Die Tonbandexperimente, die du in Aufgabe b) beschreiben sollst, werden in Zeile 98–122 vorgestellt. Lies den Textabschnitt genau durch und achte bei deiner Antwort darauf, dass die Abfolge und der Unterschied zwischen den Experimenten deutlich werden.*

    a) Wenn Elefanten das Geräusch angriffslustiger Bienen nur hören, verhalten sie sich, als ob sie die Insekten abschütteln und vertreiben würden: Sie wirbeln Staub auf und schütteln die Köpfe. Anschließend flüchten sie und stoßen dabei ein typisches grollendes Geräusch aus, was für ihre Artgenossen der Alarm für die drohende Gefahr ist und diese ebenfalls zur Flucht veranlasst.

    b) Die Forscherin hat zunächst das Geräusch von aufgescheuchten Bienen aufgenommen, den Elefanten vorgespielt und deren Reaktion beobachtet. Sie stellte fest, dass die Elefanten auf das Summen vom Tonband genauso reagierten, als ob die Bienen wirklich da wären. Anschließend nahm sie die Alarmgeräusche auf, die die Elefanten bei der Flucht vor den vermeintlichen Bienen ausstießen. Auch das Abspielen dieser Aufnahme ließ die Elefanten den Rückzug antreten.

10. ✒ **Hinweis:** *Reportagen können ganz unterschiedliche und oft auch mehrere Wirkungsabsichten zugleich haben, z. B. Kritik, Unterhaltung, Aufklärung oder Information. Überlege dir zunächst, welche dieser Aspekte im Text vorherrschen: Erzählt die Verfasserin eine unterhaltende Geschichte, ohne tiefer gehende Informationen? Ergreift sie offen Partei für etwas oder kritisiert sie bestimmte Sachverhalte? Oder liegt der Schwerpunkt darauf, detailliertes Hintergrundwissen zu vermitteln? Gehe anschließend die vorgegebenen Auswahlmöglichkeiten Schritt für Schritt durch und wähle diejenige aus, die am ehesten **alle** im Text angesprochenen Themen zusammenfasst.*

[X] Sie will über die Vereinbarkeit von Artenschutz und Bevölkerungsschutz informieren.

Begründung: Meiner Meinung nach möchte die Autorin in erster Linie über die Vereinbarkeit von Artenschutz und Bevölkerungsschutz informieren und aufklären. Sie informiert über die zunehmenden Übergriffe von Elefantenherden auf von Menschen bewohntes und bewirtschaftetes Gebiet und klärt über die Gründe auf, wie es dazu kommt. Anschließend informiert sie über Inhalt und Ergebnisse von Forschungsarbeiten, in denen es darum geht, wie die Elefanten von menschlichen Ansiedlungen ferngehalten werden können, ohne zu Schaden zu kommen.

11. ✒ **Hinweis:** *„Nimm Stellung" bedeutet, dass du eine Aussage begründet kommentierst. Du kannst Kais Forderung zustimmen oder sie ablehnen, wichtig ist jedoch, dass du deine Meinung mithilfe des Textes belegen kannst.*

Ich bin der Auffassung, dass Kais Forderung an der Realität vorbeigeht. Im Text steht, dass Elefanten Wanderer sind, „die auf der Suche nach Wasser und Futter immer wieder die Grenzen [...] überschreiten" (Z. 45–47). Das bedeutet, dass es auf artgerechte Weise nicht möglich ist, die Tiere in festgelegten Gebieten zu halten. Würde man das versuchen, könnte man die Elefanten genauso gut in zoologische Gärten sperren.

Teil II: Schreiben

II.A: Textproduktion (Wahlaufgabe)

a) ✎ *Hinweis: Bei dieser Aufgabe kannst du von einem eigenen Erlebnis erzählen, aber natürlich kannst du auch etwas erfinden. Wichtig ist, dass du deine Geschichte in Einleitung, Hauptteil und Schluss gliederst und ihr einen Spannungsverlauf gibst, der den Leser dazu veranlasst weiterzulesen. Überlege dir, wie du deinen Text abwechslungsreich und anschaulich gestalten kannst (Satzbau, Wortwahl, wörtliche Rede etc.). Der Leser deiner Geschichte sollte sich die dargestellte Situation und die beteiligten Personen gut vorstellen können. Achte daher auf treffende und lebendige Beschreibungen, denke aber auch daran, dich nicht in Einzelheiten zu „verzetteln": Der rote Faden in deiner Geschichte sollte immer klar erkennbar bleiben.*

Fipsi ist weg

Seit ich denken kann, habe ich mir ein eigenes Haustier gewünscht. Nach langem Bitten und Betteln bekam ich zu meinem zehnten Geburtstag einen kleinen Hamster geschenkt. Sein weiches Wuschelfell war blond-weiß gescheckt, er hatte zartrosa Tütenöhrchen und allerliebste schwarze Knopfaugen, mit denen er neugierig zwischen den Gitterstäben seines Käfigs hervorpeilte. Fipsi, wie ich das Hamsterkind taufte, wurde sehr schnell zutraulich.

Da das Tierchen den gesamten Tag verschlief, war es am Abend, wenn ich den Käfig öffnete, voller Tatendrang. Die Abenteuerspielplätze, die mein Bruder ihm aus Legosteinen und leeren Klopapierrollen baute, reichten ihm bald nicht mehr. Er liebte es, sich in den Spalt zwischen Bücherregal und Wohnzimmerwand zu quetschen und mit seinen kleinen Krallenfüßen wie ein Extremkletterer an der rauen Tapete senkrecht nach oben zu robben. Dann saß er oben auf dem Regal, wischte sich die Spinnweben aus dem Bart und blickte triumphierend aus seinen blanken Äuglein hinunter ins Wohnzimmer. Denselben Weg zurück traute er sich allerdings nicht zu, sondern er ließ sich hinunterheben, um sofort wieder hinter dem Regal zu verschwinden und die nächste Klettertour anzugehen. Außer dem zarten Kratzen seiner

---

Randnotizen:

treffende Überschrift

Einleitung: Darstellung der Ausgangssituation

Beschreibung des Hamsters Fipsi

Hauptteil: Schilderung der allabendlichen Klettertouren des Hamsters

Krallen hörte man dabei auch immer wieder emsige Knuspergeräusche, was besonders meinen Vater ziemlich irritierte. Was in aller Welt konnte Fipsi hinter dem Regal zu fressen vorfinden?

Spannungsaufbau: Knuspergeräusche hinter dem Regal

Eines Abends passierte es: Fipsi verschwand wie immer hinter dem Regal, tauchte auf seinem Ausguck aber nicht auf. Wir warteten stundenlang, ich sollte ins Bett gehen, doch ich weinte, jammerte und flehte, bis meine Eltern das gesamte Bücherregal ausräumten, um das schwere Möbel von der Wand abrücken zu können. Kein Hamster, doch die Isolierung des Antennenkabels, das hinter dem Regal verlief, war vollkommen abgefressen. Das erklärte zwar die Fressgeräusche, tröstete mich aber nicht. Fipsi blieb verschwunden. In den folgenden Tagen suchte ich jeden Winkel und jeden Spalt in der Wohnung ab, leuchtete mit der Taschenlampe hinter Möbelfüße und abstehende Sockelleisten – nichts. Dann begann ich, kleine Näpfchen mit Hamsterfutter an strategischen Punkten in der Wohnung aufzustellen. Und tatsächlich: Irgendjemand schien sich an den Körnern zu bedienen. Ich wollte mich nachts auf die Lauer legen, doch meine Eltern schickten mich ins Bett. Aber jetzt war ich mir sicher, dass Fipsi lebte, nächtliche Streifzüge in der Wohnung unternahm und irgendwo einen Schlafplatz gefunden hatte. Wo konnte das sein? Weitere Tage der Ungewissheit verstrichen, bis meine Mutter den Handfeger unter der Spüle hervorholte und verblüfft feststellte, dass die Haare des kleinen Besens vollkommen abgefressen waren. Kurze Zeit später fanden wir des Rätsels Lösung: Fipsi hatte entlang des Wasserzulaufs einen Weg hinter die Spülmaschine gefunden und sich dort ein gemütliches Nest aus Besenhaaren gebaut. Verschlafen blinzelte er ins Licht der Taschenlampe, als ich durch den schmalen Spalt unter der Spüle leuchtete.

besonderes Ereignis / Höhepunkt: plötzliches Verschwinden des Hamsters

tagelange Suche

Aufstellen von Futterquellen

Auflösung der Spannung: Wiederfinden des Hamsters

Zurück im Käfig, schien er mir ziemlich erleichtert. Aber es dauerte eine Weile, bis er wieder ins Wohnzimmer durfte. Das neue Antennenkabel hatte mein Vater direkt unter der Zimmerdecke verlegt.

Schluss: *Konsequenzen des Ereignisses*

b) ✦ **Hinweis:** *Bei diesem Arbeitsauftrag musst du zum einen die Briefform beachten (Briefkopf, Datum, Anrede, Grußformel, Unterschrift). Zum anderen musst du berücksichtigen, dass du an eine prominente Person des öffentlichen Lebens schreibst und nicht an einen Schulfreund. Das bedeutet, dass du eine angemessene Sprachform verwenden solltest, sowohl was die höfliche Anrede betrifft als auch die inhaltliche Darstellung deines Anliegens. Das heißt natürlich nicht, dass du deine Ansichten „in Watte packen" musst. Schreibe höflich, aber bestimmt, und mache deinen Standpunkt mithilfe von klaren Begründungen sowie anschaulichen Beispielen deutlich.*

Timo Tierlieb Waldstraße 12 65428 Rüsselsheim	Briefkopf: Absender
An Seine Majestät König Juan Carlos von Spanien Königlicher Palast Madrid Spanien	Empfänger
12. August 2012	Datum
Sehr verehrter König Juan Carlos von Spanien,	Anrede
in der Zeitung habe ich gelesen, dass Sie Ihren Urlaub in Afrika verbracht und dort Elefanten gejagt haben. Natürlich steht es Ihnen zu, sich von Ihren anstrengenden Pflichten als Staatsoberhaupt eines großen Landes an jedem beliebigen Ort der Welt zu erholen und Ihren bevorzugten Hobbys nachzugehen.	Einleitung: Schreibanlass Zugeständnis
Dennoch bin ich der Meinung, dass Sie sich in diesem Fall in zweifacher Weise sehr unsensibel verhalten haben.	Meinungsäußerung
Zum einen bemühen sich seit vielen Jahren verschiedene Tierschutzorganisationen darum, den Lebensraum der afrikanischen Elefanten und anderer Wildtiere zu schützen und den Erhalt bedrohter Arten zu sichern. Dabei sind schon viele Fortschritte erzielt worden: Der weltweite Handel mit Elfenbein wurde eingedämmt, Schutzgebiete wurden ausgewiesen, die Jagd auf das Notwendigste beschränkt. Darüber hinaus arbeiten viele Forscher an Lösungen, wie man den Elefanten weiterhin ihre Wanderbewegungen ermöglichen	Hauptteil: 1. Kontra-Argument: Tierschutz

8

kann, ohne dass es zu Konflikten mit der Landbevölkerung kommt. Alle diese Anstrengungen werden natürlich infrage gestellt oder sogar lächerlich gemacht, wenn sich eine prominente Persönlichkeit auf Großwildjagd begibt und schützenswerte Tiere einfach erschießt.

Elefantenjagd stellt Arbeit der Tierschutzorganisationen infrage

Selbst wenn die von Ihnen erlegten Elefanten zum Abschuss freigegeben waren, gibt diese Form der Freizeitbeschäftigung ein negatives Beispiel. Das Töten eines Tieres sollte meiner Meinung nach niemals zum Vergnügen erfolgen.

Tiere sollten nicht zum Vergnügen getötet werden

Zum anderen wirft Ihre Reise Fragen auf, was die Kosten betrifft. Spanien geht es wirtschaftlich nicht gut, besonders die Jugend ist von einer hohen Arbeitslosenquote betroffen. Eine Luxusreise wie Ihr Afrikatrip, zuzüglich der sicherlich hohen Abschussgebühr, die die Behörden für jedes erlegte Wildtier verlangen, ist derzeit das falsche Signal für die unter der Wirtschaftskrise leidende spanische Bevölkerung. Als Staatsoberhaupt sollten Sie Ihre Vorbildfunktion wahrnehmen und auch den Urlaub etwas bescheidener gestalten.

2. Kontra-Argument: Luxusreise wirtschaftlich nicht angemessen

Ich würde mich sehr freuen, wenn Sie über meine Anregungen nachdenken und für Ihre nächste Urlaubsreise ein Ziel wählen, das sowohl ökologischen als auch finanziellen Überprüfungen standhält.

Schluss: Appell

Mit freundlichen Grüßen

Grußformel

Timo Tierlieb

Unterschrift

9

II.B: Sprachliche Richtigkeit

1. Schwarz-Gelb brummt

Das drittwichtigste Nutztier in Europa ist die Biene. Nicht nur die Imker, **(fehlendes Komma)**[1] sondern vor allem die Blütenpflanzen ~~profitiren~~ **profitieren**[2] von der Beziehung zwischen Bienchen und Blümchen. Auf die ~~bestäubung~~ **Bestäubung**[3] durch die schwarz-gelben Brummer sind nahezu 80 Prozent der heimischen ~~Nutzpflantzen~~ **Nutzpflanzen**[4] angewiesen, um ihre Vermehrung sicherzustellen. Das heißt: ~~Gähbe~~ **Gäbe**[5] es keine Bienen, würden nur ~~Zwei~~ **zwei**[6] statt hundert Äpfel reifen. Experten schätzen den volkswirtschaftlichen Nutzen der ~~Inseckten~~ **Insekten**[7] allein in Deutschland auf annähernd zwei Milliarden Euro, europaweit soll die Zahl nach ~~Ausage~~ **Aussage**[8] des Imkerbundes 14,4 Milliarden Euro betragen. Damit belegt *Apis mellifera*, wie die Honigbiene unter Zoologen genannt wird, **(fehlendes Komma)**[9] nach Rind und Schwein Platz drei der wichtigsten Nutztiere. ~~Wärend~~ **Während**[10] man auf Fleisch ~~nothfalls~~ **notfalls**[11] verzichten könnte, ist der Einsatz der eifrigen Bestäuber durch nichts zu ersetzen. Auch von blühenden ~~Landschafften~~ **Landschaften**[12] müssten wir ohne die Arbeit der sprichwörtlich bienenfleißigen Helfer wohl Abschied nehmen.

✦ Hinweis: 1) Bei „sondern" handelt es sich um eine Konjunktion, die einen Gegensatz zum Ausdruck bringt. Vor „sondern" muss immer ein Komma stehen. 2) Sprich dir das Wort langsam vor. Der zweite i-Laut wird lang gesprochen, daher musst du „ie" schreiben. 3) Dass es sich hier um ein Nomen handelt, das du großschreiben musst, erkennst du an dem vorangestellten Artikel „die". 4) Du musst das Wort „Nutzpflanze" mit einfachem „z" schreiben, da dem „z" ein Konsonant vorausgeht. Nur nach kurzem Vokal schreibt man „tz" (z. B. pu<u>tz</u>en). 5) Ein Dehnungs-h steht nur vor den Konsonanten „l", „m", „n" und „r", nie vor „b". 6) Bei „zwei" handelt es sich um ein Adjektiv (Zahlwort), das sich auf das Nomen „Äpfel" bezieht. 7) „Insekt" ist ein Fremdwort (von lateinisch „insectum"). Daher schreibt man nicht „ck", obwohl ein kurz gesprochener Vokal vorangeht. Sieh im Wörterbuch nach, wenn du dir bei der Schreibung unsicher bist. 8) Suche nach einem verwandten Wort und zerlege es in seine Bestandteile: Aussage → aussagen (Vorsilbe „aus" + Verb „sagen"). 9) Das „wie" ist hier eine Konjunktion und leitet einen Nebensatz ein. Nach dem finiten Verb am Nebensatzende („wird") muss daher ein Komma stehen. 10) Das „ä" in „während" wird lang gesprochen und es folgt der Konsonant „r", deshalb muss das Dehnungs-h stehen. 11) Suche nach einem verwandten Wort und zerlege es in seine Bestandteile: notfalls → Notfall → Not + Fall. Das Nomen

„Not" schreibt man ohne „h" am Ende. 12) Auf den kurz gesprochenen Vokal in „-schaften" folgen zwei verschiedene Konsonanten („f" und „t"). In diesem Fall schreibt man keinen Doppelkonsonanten „ff".

2. b) Es hatte (Nachts) geregnet und gestürmt, sodass der Boden voll mit nassem Laub lag und die Schülerinnen und Schüler ständig ins Rutschen kamen.

   ✔ *Hinweis: „nachts" ist hier Adverb → Kleinschreibung. Du kannst danach fragen: Wann hat es geregnet? Nachts.*

   c) Am (Gefährlichsten) war es neben dem Eingang, wo sich die Fünftklässler mit dem Werfen von nassen Blättern vergnügten.

   ✔ *Hinweis: Superlativ zum Adjektiv „gefährlich" → Kleinschreibung*

   e) So kam es, dass ein Schüler mit einem Haufen Laub etwas Hartes an den Kopf bekam und zum (verbinden) in den Sanitätsraum musste.

   ✔ *Hinweis: „Verbinden" ist hier eine Nominalisierung. Du erkennst sie an dem vorangestellten Artikel (zum Verbinden = zu dem Verbinden).*

   g) Der Übeltäter musste wegen seines (ungehorsams) eine Strafarbeit schreiben.

   ✔ *Hinweis: Das Possessivpronomen „sein" ist ein typischer Nomenbegleiter.*

3.

Satz	Begründung
„Guten Morgen!", rief die Klasse zur Begrüßung im Chor.	C
Dabei war es nicht die erste, sondern bereits die letzte Stunde des Vormittags.	A
Die Lehrerin erzählte den Kindern, dass sie sie zu einem Naturschutzwettbewerb angemeldet habe.	D
Die Klasse, besonders die Jungen, war sofort begeistert.	B
Sie riefen durcheinander: „Wir schaffen das, wir gewinnen auf jeden Fall, wir sind die besten!"	E

✔ *Hinweis: Satz 2: „sondern" ist eine adversative (entgegengesetzte) Konjunktion, vor der immer ein Komma stehen muss. Satz 3: „dass" leitet als Konjunktion einen Nebensatz ein (finites Verb „habe" am Satzende). Satz 4: „besonders die Jungen" ist kein eigenständiger (Neben-)Satz, sondern ein nachgestellter Einschub da kein Verb enthalten ist.*

4.

Satz	Strategie
Die Klasse wünscht ihrem Lehrer <u>G</u>esundheit und ein langes Leben.	A
Beim Klettern brach Tom sich den Fu<u>ß</u>.	E
Weil die Hose zu kurz war, musste sie verl<u>ä</u>ngert werden.	B
In dürren Blättern säuselt der Win<u>d.</u>	C
Nach dem Fest mussten die Schüler den Saal aufr<u>äu</u>men.	B

✏ *Hinweis: Satz 1: „Gesundheit" ist ein Nomen; „-heit" ist eine typische Nomenendung. Satz 2: scharfes „ß" nach lang gesprochenem Vokal; Satz 3: Wortursprung: l<u>a</u>ng → verl<u>ä</u>ngert; Satz 4: Mehrzahl: Win<u>d</u>e → Win<u>d</u>; der Binnenlaut „d" wird weich gesprochen. Satz 5: auf + räumen, Wortursprung: R<u>au</u>m → r<u>äu</u>men*

| Abschlussprüfung Deutsch an Realschulen in Hessen |
| Übungsaufgabe 2 |

Text: Christian Wolf: Hirnforschung

Teil I: Lesen

1. a) ☒ 25 Prozent der Befragten

    🖊 *Hinweis: Vgl. Z. 9 ff.: Ein Viertel entspricht 25 Prozent.*

    b) ☒ Kinder können sich in der Schule immer weniger konzentrieren, weil sie zu viel Zeit am Computer verbringen.

    🖊 *Hinweis: Vgl. Z. 21–24. „Weil" ist eine begründende Konjunktion, ebenso wie weshalb.*

    c) ☒ Die Fähigkeit, an mehreren Aufgaben gleichzeitig zu arbeiten

    🖊 *Hinweis: Vgl. Z. 50 f.*

    d) ☒ Computerspiele steigern langfristig die visuell-räumliche Vorstellungskraft.

    🖊 *Hinweis: Vgl. Z. 111–114*

    e) ☒ Man muss sich aktiv auf die Suche nach Informationen begeben.

    🖊 *Hinweis: Vgl. Z. 124–129*

    f) ☒ Das gründliche Lesen und kritische Nachdenken kommen zu kurz.

    🖊 *Hinweis: Vgl. Z. 140 f., 155–157*

2. a) ☒ Fähigkeiten der Wahrnehmung und des Denkens

    🖊 *Hinweis: Vgl. Fußnote 1*

    b) ☒ keine Bücher mehr lesen

    c) ☒ leicht zu verstehende, kurze Informationen

    🖊 *Hinweis: Das Wort „Häppchen" verweist darauf, dass es sich um sehr „kleine", d. h. kurze Informationen handelt. Der Ausdruck „leicht verdaulich" bedeutet, dass die Informationen so knapp gehalten sind, dass man sie sofort verstehen kann.*

3.

Aussage	Nummer
Bislang ist jedoch noch nicht erforscht, ob die am Bildschirm erworbenen Kompetenzen auch in der Wirklichkeit nützlich sein können.	5
Kritiker sind der Meinung, dass die intensive Beschäftigung mit Computerspielen und anderen Online-Medien sich negativ auf die Konzentrationsfähigkeit von Kindern und Jugendlichen auswirkt.	2
Andererseits wird beim Googeln nicht gründlich recherchiert, sondern es werden nur oberflächlich Informationen abgerufen.	8
Allerdings zeigen Untersuchungen, dass sich z. B. die Fähigkeit zum Multitasking durch Computerspiele verbessern lässt.	3
Im Gegensatz zu früher lesen die Deutschen heutzutage immer seltener Bücher, während der Konsum elektronischer Medien auf dem Vormarsch ist.	1
Auch konnte festgestellt werden, dass sich die visuelle Aufmerksamkeit durch Actionspiele trainieren lässt.	4
Zusammenfassend lässt sich sagen, dass elektronische Medien zwar die visuellen Fähigkeiten schulen, die geistige Verarbeitung der Informationen aber eher verhindern.	10
So kann sich z. B. das Surfen im Internet positiv auf die geistige Entwicklung auswirken, weil man sich aktiv auf die Suche nach Informationen begeben muss.	7
Kinder, die viel Zeit vor dem TV-Gerät verbringen, kommunizieren nur wenig mit ihren Eltern, was sich negativ auf ihre geistige Entwicklung auswirkt.	9
Wissenschaftler beobachten auch die Auswirkungen des Internets und haben dabei z. T. überraschende Beobachtungen gemacht.	6

4.

Positive Auswirkung durch PC-Nutzung	Zeilenangabe
„Schon 1994 demonstrierte der Berliner Psychologe Peter Frensch, [...] dass Computerspielen das räumliche Denken schult."	Z. 27–29
„2005 fand Paul Kearney [...] heraus, dass manche Computerspiele genau diese Fähigkeit [zum „Multitasking"] trainieren."	Z. 51–54
„Auch bestimmte Aspekte der visuellen Aufmerksamkeit können Computerspiele positiv beeinflussen."	Z. 72–74

Hinweis: Deine Lösung sollte die drei im Text genannten Bereiche, in denen Aufmerksamkeitsförderung stattfindet, berücksichtigen: das figural-räumliche Denken, die Multitasking-Fähigkeit und die visuelle Aufmerksamkeit.

5.

Textstelle	Merkmal
Z. 1–7	E
Z. 8–16	F
Z. 48–54	C
Z. 108–119	D
Z. 25 f., Z. 88–93	A
Z. 173–180	B

Hinweis: Als Leadsatz bezeichnet man den Anfangssatz/die Anfangssätze eines Zeitungsartikels, in denen die Kernaussage in kurzer Form zusammengefasst wird. Er hat die Funktion, das Interesse der Leserschaft zu wecken und sie zum Weiterlesen zu verlocken, deshalb muss er besonders sorgfältig formuliert werden.

6. *Hinweis: Bei dieser Aufgabenstellung geht es darum, Redewendungen, Sprachbilder oder sehr verkürzt dargestellte Zusammenhänge so aufzuschlüsseln, dass sie leichter verständlich sind. Oft hilft es dir, wenn du noch einmal die Textpassage durchliest, aus der das jeweilige Zitat stammt.*

a) Mit diesem Ausdruck ist gemeint, dass Kinder und Jugendliche vielen elektronischen Medien gleichzeitig ausgesetzt sind bzw. sich ihnen aussetzen, sodass ihre Augen und Ohren fast ununterbrochen die akustischen und optischen Signale von Fernseher, Computer und iPod empfangen.

b) Im Text wird beschrieben, dass sich die Internetnutzung positiv auf die geistige Entwicklung auswirken kann. Der Wissenschaftler Johnson schränkt jedoch ein, dass man nicht automatisch klüger wird, wenn man im Internet surft. Vielmehr vermutet er, dass eine überdurchschnittliche Intelligenz die Voraussetzung dafür ist, das Internet intensiv zu nutzen.

c) Damit veranschaulicht der Autor die mangelnde Gründlichkeit, die typisch ist für die Internetrecherche. Weil das Angebot so groß ist, werden viele Seiten nur kurz angeklickt und überflogen, ohne dass man sich in den Inhalt wirklich vertieft oder vertiefen kann. Bei vielen Filmen sorgt eine schnelle Schnittfolge für oberflächliche Handlungsabläufe ohne Tiefgang.

d) Diese Redewendung bedeutet, dass man einer Sache oder jemandem ablehnend gegenübersteht. In diesem Fall wird veranschaulicht, dass Entwicklungsforscher es dem häufigen Fernsehkonsum anlasten, wenn Kinder zu wenige kommunikative Fähigkeiten ausbilden, worunter ihre gesamte geistige Entwicklung leidet.

7. ✏ *Hinweis: Denke daran, dass eine kurze Zusammenfassung den Text möglichst umfassend wiedergeben sollte, das heißt, dass in ihr möglichst viele Gesichtspunkte des Textes aufgegriffen werden. Achte bei dieser Aufgabe genau auf die Details der Aussagen und lies gegebenenfalls noch einmal im Text nach.*

[X] Dieser Text berichtet über verschiedene Studien, die belegen, dass das Computerspielen und Surfen im Internet die Aufmerksamkeit erhöht, dabei jedoch andere Kompetenzen einschränkt.

Begründung: Die zweite Zusammenfassung ist meiner Meinung nach die passendste, weil sie die unterschiedlichen Aspekte des Textes berücksichtigt. Sowohl die Beschäftigung mit Computerspielen als auch die mit dem Internet kommen darin zur Sprache. Außerdem beinhaltet sie, dass über Studien berichtet wird, die die erhöhte Aufmerksamkeit durch den Umgang mit dem PC belegen, aber sie thematisiert auch, dass andere Kompetenzen, etwa die Lesekompetenz oder die vertiefte kognitive Verarbeitung, beeinträchtigt werden.

Teil II: Schreiben

II.A: Textproduktion (Wahlaufgabe)

a) ✎ *Hinweis: In dem Dialog, den du bei dieser Aufgabe schreiben sollst, geht es darum, sowohl Argumente für als auch gegen die Anschaffung eines eigenen Computers für Claudia zu finden. Am besten notierst du dir, bevor du mit dem Aufsatz beginnst, deine Ideen auf Schmierpapier. Bedenke bei der Auswahl der Argumente auch, wer diese äußert: Versetze dich in Mutter und Tochter hinein und überlege, welche Gedanken sie sich zu dem Thema machen könnten. Du solltest im Auge behalten, dass es um die Anschaffung eines Computers im Allgemeinen, nicht oder nur bedingt um Computerspiele wie im Text geht. Achte beim Schreiben darauf, die gefundenen Argumente nicht nur abwechselnd aneinanderzureihen. Bemühe dich, stattdessen jeweils passende Überleitungen und Verbindungen zwischen den wechselnden Redebeiträgen zu finden, das heißt, in deinen Formulierungen auf die vorherige Aussage des Dialogpartners einzugehen. Dein Gespräch wirkt dann besonders realistisch, was neben der Glaubwürdigkeit der Argumente ein wichtiges Kriterium in der Bewertung ist.*

CLAUDIA: Mama, du weißt ja, dass ich mir schon lange einen eigenen Computer wünsche. Ich denke, inzwischen ist das wirklich notwendig, und ich kann dir gerne auch begründen, warum.

> Einleitung:
> Äußerung des Wunsches nach einem Computer

MUTTER: Nun ja, dein Vater und ich haben schon einige Bedenken, was das angeht. Aber ich höre mir deine Gründe natürlich gerne an. Schieß los!

> Mutter äußert Bedenken

CLAUDIA: Also erstens ist der Computer und mit ihm das Internet heute eines der wichtigsten Kommunikationsmittel. Alle meine Freunde tauschen sich so aus: Sie telefonieren übers Internet, chatten mit Messenger-Programmen oder bringen sich über die Seiten von sozialen Netzwerken gegenseitig auf den neuesten Stand. Ohne das alles kriegt man immer nur die Hälfte von dem mit, was in der Schule los ist. Was glaubst du, wie oft ich dann blöd danebenstehe und nicht mitreden kann!

> Hauptteil:
> Pro-Argument:
> Internet als wichtigstes Kommunikationsmittel

MUTTER: Da kann ich dich schon verstehen, aber du kannst ja immer noch über das normale Telefon mit deinen Freunden quatschen. Und dein Handy hast du auch noch. Ich sehe es jedenfalls nicht ein, so viel Geld auszugeben,

> Kontra-Argument:
> Anschaffung eines Computers kostspielig

17

nur damit du immer über den neuesten Schultratsch auf dem Laufenden bist. Weißt du eigentlich, was so ein Computer kostet?

CLAUDIA: Ja, na klar weiß ich, dass die teuer sind. Aber ich könnte ja zum Beispiel eine Weile auf mein Taschengeld verzichten. Und Mama, es geht ja nicht nur um meine Freunde: Selbst die Lehrer schreiben uns inzwischen E-Mails mit Informationen oder schicken Arbeitsblätter übers Internet! Überhaupt kriegst du ja immer wieder mit, wie oft mir der Computer bei den Hausaufgaben und beim Lernen für die Schule helfen kann. Aufsätze sind getippt viel schneller geschrieben, ich kann im Internet problemlos Informationen nachschlagen oder recherchieren, wenn ich etwas im Unterricht nicht richtig verstanden habe. Und dann gibt es für Englisch zum Beispiel Online-Wörterbücher, die sich meine gesuchten Vokabeln merken, sodass ich sie dann gezielt lernen kann. Das alles kannst du doch nicht ignorieren!

Pro-Argument: Computer wichtig für Hausaufgaben und Lernen

MUTTER: Nein Claudia, das will ich ja auch nicht. Aber ich mache mir einfach Sorgen. Wenn du allein für die Schule schon so viel Zeit vor dem Bildschirm verbringst, ist es doch vorprogrammiert, dass du irgendwann Probleme mit den Augen oder dem Rücken bekommst. Den Rest des Tages verbringst du dann wahrscheinlich vorm Fernseher mit deinen Lieblingsserien, sodass du überhaupt nicht mehr an die frische Luft kommst, keine Bewegung hast und deine anderen Hobbys vernachlässigst. Denn gib es doch zu: Du willst den PC vor allem auch deshalb haben, um damit zu spielen!

Kontra-Argument: gesundheitliche Schäden durch Computerarbeit und Fernsehen

CLAUDIA: Na ja, ich würde bestimmt auch mal ein bisschen spielen. Aber was spricht denn auch dagegen? Es wurde doch inzwischen sogar schon von Wissenschaftlern nachgewiesen, dass bestimmte Computerspiele die visuelle Auffassungsgabe, das räumliche Denken und das Multitasking-Können verbessern! Und es gibt total viele Spiele für Gehirnjogging und Ähnliches.

Pro-Argument: Textbezug: Vorteile von Computerspielen wissenschaftlich erwiesen

MUTTER: Und nur die würdest du natürlich spielen. Keine Ballerspiele, die Waffen und Gewalt verherrlichen, oder?

Kontra-Argument:

18

Das glauben wir ja beide nicht. Die jungen Leute stehen doch alle auf diese Actionspiele, die immer brutaler werden. Ich möchte dich doch auch nicht dauernd kontrollieren müssen …

Brutalität von Computerspielen

CLAUDIA: Das musst du ja auch gar nicht. Ich bin doch jetzt wirklich alt genug, Mama. Du musst mir schon auch ein bisschen vertrauen! Aber du hast ja noch gar nicht mein wichtigstes Argument gehört: Denk doch mal daran, was mir nach der Schule bevorsteht. Ohne im Umgang mit Computern fit zu sein, kriegt man doch heute keinen Job mehr! Das gehört inzwischen einfach dazu. Und in der Schule lernen wir das nun wirklich nicht. Also wo sollte ich denn die Übung und die Erfahrung kriegen, wenn nicht vom PC zuhause?

Pro-Argument: Computerkenntnisse wichtig für das Berufsleben

MUTTER: Ja okay, ich muss trotz aller Bedenken zugeben, dass du dir wirklich Gedanken gemacht und ein paar einleuchtende Gründe genannt hast. Wie wär's: Wir reden später noch mal gemeinsam mit Papa darüber? Ich kann mir inzwischen ganz gut vorstellen, dass dir, wenn wir genaue Absprachen über Zeiten und Inhalte der Beschäftigung mit dem PC treffen, dein Wunsch bald erfüllt wird.

Schluss:
Einlenken der Mutter

b)   *Hinweis: Bevor du mit dem Leserbrief beginnst, solltest du dir überlegen, welche Position du einnehmen möchtest: Stimmst du dem Artikel weitgehend zu oder siehst du die Inhalte eher kritisch? Trage dann einige Aspekte zusammen, auf die du im Brief eingehen willst. Bedenke dabei, wer die Adressaten deines Textes sind: die anderen Leser der Zeitung. Das, was du schreibst, sollte für sie also etwas Neues und von Interesse sein. Vor allem, wenn du dich dafür entscheidest, eine zustimmende Position einzunehmen, solltest du also darauf achten, nicht einfach nur die Inhalte aus dem Text zu wiederholen. Ergänze sie durch weitere Informationen zum Thema und anschauliche Beispiele. Nimmst du eine ablehnende Haltung ein, ist es sinnvoll, nicht nur die Erkenntnisse des Textes zu kritisieren, sondern auch mögliche Lösungen, Alternativen oder Vorschläge zur Verbesserung einzubringen. In jedem Fall musst du in einem Leserbrief nicht auf alle Details aus dem Text eingehen. Du kannst auswählen und dich auf bestimmte Aspekte konzentrieren. Achte auf eine angemessene Sprache (keine Umgangssprache), so wie sie eine Zeitung abdrucken würde.*

Sehr geehrte Damen und Herren,

vor Kurzem las ich in Ihrer Zeitschrift den Artikel „Hirnforschung – Wie das World Wide Web unser Denken verändert". Den darin veröffentlichten Forschungsergebnissen stehe ich jedoch recht kritisch gegenüber und habe selbst eine etwas andere Sicht auf das behandelte Thema als die abgedruckte.

Dass einige Computerspiele die visuelle Aufmerksamkeit und Fähigkeit zum Multitasking fördern, mag durchaus sein. Ich bin allerdings der Meinung, dass man diese Erkenntnisse nicht isoliert und vor allem auch nicht einseitig betrachten darf. Viele der modernen PC-Spiele, gerade etwa die beliebten Egoshooter, sind unter Experten doch sehr umstritten. Dass das häufige Spielen am Computer insbesondere bei jungen Leuten auch negative Konsequenzen nach sich ziehen kann, gilt als sicher. Ich denke dabei etwa an die Probleme, die viele Kinder und Jugendliche heutzutage dank Fernsehen, aber eben auch dank Computern mit der Konzentration haben. Auch der Zusammenhang von stetig zunehmender Gewaltbereitschaft bei jungen Leuten mit Gewaltspielen am PC (und brutalen Filmen in Fernsehen und Kino) kann heute nicht mehr geleugnet werden. Des Weiteren muss man die gesundheitlichen Risiken nennen, verursacht durch Bewegungs-, Schlafmangel und Überlastung von Rücken oder Augen, sowie die durch gehäuftes Computerspielen immer größer werdenden Defizite im Bereich der sozialen Kompetenz. Ganz so rosig, wie in dem Artikel von Christian Wolf beschrieben, kann ich die bunte virtuelle Welt also nicht sehen.

Für ganz besonders problematisch halte ich es, dass keinerlei Aussage darüber gemacht werden kann, ob sich die in dem Bericht genannten Vorteile des Spielens am PC auch über längere Zeit hinweg bestätigen lassen oder ob es sich möglicherweise um einen nur ganz kurzen positiven Effekt handelt. Dies zu wissen, wäre für eine sinnvolle Beurteilung meines Erachtens ebenso wichtig wie die Frage der Übertragbarkeit der Resultate, das heißt beispielsweise verbesser-

---

Marginalien:

Anrede

Einleitung:
Bezug zum Artikel

Äußerung der eigenen kritischen Haltung

Hauptteil:
negative Auswirkungen von Computerspielen müssen mitberücksichtigt werden:

Konzentrationsschwäche bei Kindern und Jugendlichen

zunehmende Gewaltbereitschaft

gesundheitliche Risiken

soziale Defizite

keine Langzeitstudien zum Thema

tem Multitasking-Können, auf das reale Leben. Denn was nützt letztlich eine perfektionierte visuelle Aufmerksamkeit, wenn sie ausschließlich im Action-Onlinegame zum Tragen kommt?

Übertragbarkeit der Ergebnisse auf die Realität?

Ich möchte hier nicht dafür plädieren, Kindern und Jugendlichen das Computerspielen gänzlich zu verbieten. Wohl aber denke ich, dass die Zeit, die damit verbracht wird, klar begrenzt sein sollte.

Schluss: *Computerspielen zeitlich begrenzen*

Außerdem möchte ich davor warnen, dass sich unsere Gesellschaft die Folgen des vermehrten Spielens schönredet, weil man die jungen Leute auf diese Weise bequem beschäftigt, ohne sich selbst mit ihnen auseinandersetzen zu müssen. Geht es Verantwortlichen tatsächlich um die kognitive Entwicklung des Kindes oder des Jugendlichen, gibt es sicherlich auch andere Möglichkeiten, diese zu fördern.

Warnung vor Verharmlosung des Computerspielens

Als Beispiel für eine Verbesserung des räumlichen Denkens sei etwa ein Kletterpark genannt, in dem Distanzen abgeschätzt, Hindernisse und Hilfsmöglichkeiten schnell erkannt werden müssen. Auch die meisten anderen Sportarten verlangen eine hohe visuelle Aufmerksamkeit und die Fähigkeit, auf verschiedene Impulse zugleich bzw. schnell zu reagieren, sodass sich also durchaus Alternativen zum Rechner mit weniger Gefahrenpotenzial für unsere Jugend finden lassen.

Nennen von Alternativen

Mit freundlichen Grüßen

Grußformel

Marco Brehm

Unterschrift

II.B: Sprachliche Richtigkeit

1. **Power durch Rosinen**

Wer beim Joggen ab und zu einen Energiekick braucht, muss nicht unbedingt zum teuren ~~Fitneßriegel~~ **Fitnessriegel**[1] greifen. ~~Den selben~~ **Denselben**[2] ~~Efekt~~ **Effekt**[3] kann man mit einer Handvoll Rosinen erreichen, wie amerikanische Forscher berichten. In einer Untersuchung ~~fersorgten~~ **versorgten**[4] sie drei Gruppen von ~~Ausdauersportlen~~ **Ausdauersportlern**[5] während Langstreckenläufen jeweils mit kommerziellen Powerriegeln, **(fehlendes Komma)**[6] Rosinen oder nur mit Wasser. ~~Tatsechlich~~ **Tatsächlich**[7] waren die Läufer, die ausschließlich Wasser bekamen, **(fehlendes Komma)**[8] langsamer als die Sportler der anderen beiden Gruppen. Hingegen konnten bei den verschiedenen Kohlenhydrat-Snacks keine Unterschiede in der Wirkung hinsichtlich der Leistungssteigerung ermittelt werden. Sowohl die Kauriegel als auch die ~~getrokkneten~~ **getrockneten**[9] Trauben sorgen dafür, ~~das~~ **dass**[10] im Körper mehr Kohlenhydrate verbrannt werden. Auf diese ~~weise~~ **Weise**[11] verbessern die Sportler ihre Laufleistung, **(fehlendes Komma)**[12] was mit reinem Wasser nicht erreicht werden kann.

✏ Hinweis: 1) „ss" nach kurz gesprochenem Vokal; 2) „selbe" ist als allein stehendes Wort ungebräuchlich, daher schreibt man „derselbe, denselben ..." zusammen. 3) „Effekt" ist ein Fremdwort. Sieh die korrekte Schreibweise im Wörterbuch nach. 4) „ver" ist bei Verben eine häufig vorkommende Vorsilbe (Präfix). 5) Bilde die Grundform: Ausdauersportler → Ausdauersportlern (= Dativform von „Ausdauersportler"). Bei der Deklination eines Nomens bleiben in der Regel alle Buchstaben der Grundform erhalten. 6) Kommasetzung bei Aufzählungen; 7) Suche ein verwandtes Wort: Tatsache → tatsächlich; 8) Um den eingeschobenen Relativsatz abzutrennen, muss nach dem finiten Verb „bekamen" ein Komma stehen. 9) Der Konsonant „k" wird nicht verdoppelt; nach kurz gesprochenem Vokal schreibt man „ck". 10) „Dass" ist eine Konjunktion, die einen Nebensatz einleitet. Du erkennst ihn daran, dass das finite Verb („werden") am Ende steht. 11) „Weise" ist hier ein Nomen, angezeigt durch das Demonstrativpronomen „diese" als typischer Nomenbegleiter. 12) „was" ist hier ein Relativpronomen, vor dem ein Komma stehen muss. Den Relativsatz erkennst du daran, dass das finite Verb am Satzende steht („kann").

2. Nach Beendigung **seines Auslandsschuljahres** (*oder:* Auslandsschuljahrs)[1] in Brasilien hatte Moritz viel zu erzählen. Besonders die Mädchen wollten wissen, was er in **dem südamerikanischen Land**[2] erlebt hatte. Immer wieder baten sie ihn darum, von **dieser aufregenden Zeit**[3] zu erzählen. Sie hatten romantische Vorstel-

lungen von **wilden Partys**[4] vor **tropischen Sonnenuntergängen**[5]. Doch leider handelten die Berichte **ihres weitgereisten Mitschülers**[6] hauptsächlich von **seinem langweiligen und stressigen Schulalltag**[7]. Trotzdem wünschten sich alle, auch einmal in **ein fernes Land**[8] reisen zu können.

Hinweis: 1) Genitiv, 2)–5) Dativ, 6) Genitiv, 7) Dativ, 8) Akkusativ

3.

Satz	Begründung
Als sie sich geduscht, abgetrocknet und angezogen hatten, gingen sie gemeinsam in die Cafeteria.	C
Timmi, der freche kleine Kerl, klaut dem Lehrer die Kreide.	B
Die Schüler schreiben alle eine gute Note, obwohl die Arbeit ziemlich schwer war.	D
Der Schüler isst den Apfel, den seine Mutter ihm eingepackt hat.	A

Hinweis: Satz 1: Aufzählung verschiedener Tätigkeiten; Satz 2: „der freche kleine Kerl" ist ein Einschub, der „Timmi" genauer beschreibt. Satz 3: „obwohl" ist eine Konjunktion, die einen konzessiven Nebensatz einleitet. Satz 4: Relativsatz erkennbar am Relativpronomen „den", das sich auf „Apfel" bezieht.

4.   a) Tom **hatte verschlafen.** → **Plusquamperfekt**
   b) Auf dem Tisch **lag** sein Frühstücksbrot. → **Präteritum**
   c) „Mum **wird** es doch hoffentlich mit Käse **belegt haben!**", dachte er.
      → **Futur II**
   d) „Schön, dass du auch da **bist**", begrüßte ihn in der Schule seine Klassenlehrerin. → **Präsens**
   e) „Wir **haben** schon mal ohne dich **angefangen.** Das stört dich doch hoffentlich nicht?" → **Perfekt**
   f) „Wie peinlich! Ich **werde** nie wieder zu spät **kommen**", dachte Tom bei sich. → **Futur I**

Hinweis: a) Zusammengesetzte Zeitform: Hilfsverb „haben" im Präteritum + Partizip Perfekt des Vollverbs b) Einfache Zeitform: Vollverb im Präteritum c) Zusammengesetzte Zeitform: Hilfsverb „sein" im Futur I + Partizip Perfekt des Vollverbs d) Einfache Zeitform: Vollverb im Präsens e) Zusammengesetzte Zeitform: Hilfsverb „haben" im Präsens + Partizip Perfekt des Vollverbs f) Zusammengesetzte Zeitform: Hilfsverb „werden" im Präsens + Infinitiv des Vollverbs

Abschlussprüfung Deutsch an Realschulen in Hessen
Übungsaufgabe 3

Text: Joseph Freiherr von Eichendorff: Frische Fahrt

Teil I: Lesen

1. Die Luft ist **lau**. Es wird **Frühling**. Aus dem Wald erklingen **Hörner**. Die Augen leuchten vor **Mut**. Das bunte „Wirren" des Frühlings wirkt wie ein **wilder Fluss** und verlockt dazu, in die (schöne) **Welt** zu ziehen.

   Hinweis: vgl. V. 1 f., V. 3 („Hörnerklang"), V. 4 („Mutger Augen"), V. 6 f.

2. a) ☒ das Farbenspiel und die Lebendigkeit des Frühlings

    b) ☒ „Fluss" und „Strom" sind in dem Gedicht Bilder für Bewegung und Aufbruch.

    c) ☒ Das lyrische Ich will sich von der Aufbruchsstimmung des Frühlings mitreißen lassen.

    *Hinweis: Die erste Antwortmöglichkeit ist falsch, da sie nicht berücksichtig, dass nach der übertragenen Bedeutung der Verse gefragt wird. Das lyrische Ich will sich „**nicht** bewahren". Sich vor etwas bewahren heißt, dass man sich vor etwas schützen möchte. Das lyrische Ich möchte sich aber nicht schützen, es möchte „auf dem Strome fahren", d. h. im übertragenen Sinne, dass es sich von der Aufbruchsstimmung mitreißen lassen möchte.*

    d) ☒ Trennung

    Hinweis: Das lyrische Ich muss sich von seiner Familie und seinen Freunden trennen, wenn es in die Welt ziehen möchte.

3. a) ☒ Freude

    b) V. 10: „Weit von euch treibt mich der Wind." Das lyrische Ich muss Abschied nehmen von seinen Freunden/seiner Familie.
    V. 15 f.: „[…] Ich mag nicht fragen,/Wo die Fahrt zu Ende geht!" In die Freude über den Frühling mischt sich Wehmut; das lyrische Ich weiß, dass „die Fahrt", d. h. Frühling und Aufbruchsstimmung, irgendwann zu Ende sein wird.

Hinweis: *Beachte, dass in Aufgabe a) nach der Grundstimmung, d. h. nach der vorherrschenden Stimmung gefragt wird. Das lyrische Ich empfindet zwar auch Wehmut, die Freude überwiegt aber.*

4. a) *Fühlen:* „Laue Luft" (V. 1); das lyrische Ich fühlt sich getrieben („Weit von euch treibt mich der Wind", V. 10); „selig" (V. 12)

    Hören: „Hörnerklang geschossen" (V. 3); „Stromes Gruß" (V. 8); „Tausend Stimmen lockend schlagen" (V. 13)

    Sehen: „blau" (V. 1); „Mutger Augen lichter Schein" (V. 4); „bunt und bunter" (V. 5); „schöne Welt" (V. 7); „Hoch Aurora flammend weht" (V. 14)

    b) V. 2: „Frühling, Frühling soll es sein." Das lyrische Ich spürt die ersten Vorboten des Frühlings und ist schon sehr ungeduldig. Es kann die Ankunft des Frühlings kaum noch erwarten.

    V. 11: „Auf dem Strome will ich fahren." Das lyrische Ich möchte sich mitreißen lassen von den Glücksgefühlen, die der anbrechende Frühling bei ihm auslöst.

    V. 15 f.: „Fahre zu! Ich mag nicht fragen, / Wo die Fahrt zu Ende geht!" Das lyrische Ich will sich seiner freudigen Stimmung hingeben und bewusst verdrängen, dass diese nicht immer so schön bleiben wird.

5. a) In den Versen 2, 9, 12, 15 und 16 sind Ausrufe enthalten. Das verstärkt die Darstellung der Begeisterung des lyrischen Ichs über den Frühling.
    Die Vokale „a" und „o" („magisch", „Strom", „Glanze", „lockend", „hoch", „Aurora") drücken die Überschwänglichkeit und das freudige Erstaunen über die vielfältigen Erscheinungsformen des Frühlings aus.

    b) Das Gedicht enthält viele Sprachbilder, die Bewegung ausdrücken: „blau geflossen" (V. 1), „magisch wilder Fluss" (V. 6), „[...] hinunter/Lockt dich dieses Stromes Gruß" (V. 7 f.), „Weit von euch treibt mich der Wind" (V. 10), „Auf dem Strome will ich fahren" (V. 11), „Hoch Aurora flammend weht " (V. 14).

6.

Zitat	Sprachliches Mittel
„Und das Wirren bunt und bunter" (V. 5)	K/A
„Weit von euch treibt mich der Wind" (V. 10)	P
„Waldwärts Hörnerklang geschossen, / Mutger Augen lichter Schein" (V. 3 f.)	E
„Frische Fahrt" (Titel); „Laue Luft [...]" (V. 1)	A
„Hoch Aurora flammend weht" (V. 14)	M/P

7. a) Reimschema: Kreuzreim (abab, cdcd, efef, ghgh); Metrum: Trochäus

b) Die unvollständigen Sätze in der ersten Strophe (V. 3 f.) verstärken das beschriebene „bunte Wirren" (vgl. V. 5) des anbrechenden Frühlings.

Der durchgängige Kreuzreim vermittelt Dynamik und unterstreicht damit die
Vorwärtsbewegung der Fahrt.

Das regelmäßige Metrum des vierhebigen Trochäus sorgt für fließende Bewegung und unterstützt die lustvolle Aufbruchsstimmung des Gedichts.

8. *Lösungsvorschlag 1:*
Meiner Meinung nach trifft die erste Aussage am ehesten zu. Mithilfe zahlreicher Sprachbilder und der äußeren Form des Gedichts werden Bewegung und
Beschleunigung dargestellt. Der Grund für all dies Fließen, Fahren und Wehen
ist der Beginn des Frühlings und das Ende des Winters, in dem die Natur still-
stand. Mit dem ersten zarten Wehen der „lauen Luft" (V. 1) ist dieser Zustand
beendet, der Frühling löst die Starre mit Wärme und bunten Farben. Das Gedicht umschreibt die Bewegung, die die wieder erwachende Natur mit sich
bringt. Auch die Menschen lassen sich von der Dynamik des Frühlings anste-
cken, verlassen ihre Häuser und gehen auf Reisen, wie es schon der Titel
„Frische Fahrt" vermittelt.

Lösungsvorschlag 2:
Ich entscheide mich für die zweite Aussage. Wie in vielen Gedichten, in denen
Jahreszeiten verschiedene Lebensalter symbolisieren, steht auch hier der Früh-
ling für den Aufbruch in einen neuen Lebensabschnitt. Das „bunte Wirren" (vgl.
V. 5) könnte für die Unsicherheiten der Pubertät stehen, der „magisch wilde"
(V. 6) Fluss ist der Fluss des Lebens, der gefährlich, aber auch geheimnisvoll

und verlockend ist. Noch deutlicher wird diese Interpretationsmöglichkeit in der zweiten Strophe. Das lyrische Ich wirft alle Bedenken über Bord, lässt sich betören von den Möglichkeiten, die ihm das Leben bietet („Von dem Glanze selig blind!", V. 12) und gibt sich dem Abenteuer des Lebens hin. Dabei geht es bewusst das Risiko ein, das Ziel nicht zu kennen: „Fahre zu! Ich mag nicht fragen/ Wo die Fahrt zu Ende geht!" (V. 15 f.)

Lösungsvorschlag 3:
Die letzte Aussage passt am besten auf das Gedicht. Zunächst wird ausführlich beschrieben, welche Sinneseindrücke durch den erwachenden Frühling vom lyrischen Ich wahrgenommen werden: Es spürt die warme Luft, hört den Klang der Jagdhörner, sieht die verwirrend bunten Farben, mit denen sich die Natur nach dem Grau des Winters schmückt. Voller Begeisterung lässt es sich mitreißen und gibt sich genießerisch der Fülle der Wahrnehmungen hin: „Auf dem Strome will ich fahren/Von dem Glanze selig blind!" (V. 11 f.). In all diese Freude mischt sich jedoch bereits Wehmut über das baldige Ende des Frühlings: „Ich mag nicht fragen,/Wo die Fahrt zu Ende geht!" (V. 15 f.)

Teil II: Schreiben

II.A: Textproduktion (Wahlaufgabe)

a) 🖋 *Hinweis: Bei dieser Aufgabenstellung sollst du die Eingangsfrage erörtern und zu einem begründeten Ergebnis, das heißt zu einer abschließenden Antwort kommen. In der Einleitung greifst du das Thema mit der Fragestellung auf und formulierst dabei die beiden gegensätzlichen Positionen. Den Hauptteil gliederst du in einen Pro- und einen Kontra-Abschnitt mit jeweils zwei bis drei Argumenten, die du durch Beispiele anschaulich gestaltest. Am Schluss beantwortest du die Eingangsfrage, indem du das deiner Meinung nach stärkste Argument noch einmal zusammenfassend formulierst. Natürlich kannst du auch eine vermittelnde Stellung zwischen beiden Positionen einnehmen oder eine Forderung bzw. einen Appell formulieren.*

Immer mehr Schülerinnen und Schüler wollen ein Gastschuljahr im Ausland verbringen. Sie wollen eine Fremdsprache richtig gut lernen, sich von zu Hause abnabeln, ausländische Freunde gewinnen, Abwechslung in ihr Leben bringen. Aber verlieren sie damit nicht zu viel Zeit? Oder gleichen die gewonnenen Erfahrungen das verlorene Schuljahr im Heimatland wieder aus?

> **Einleitung:**
> Thema
>
> Fragestellung

Wer als Jugendlicher eine längere Zeit im Ausland verbringt, lernt viel fürs Leben. Nicht nur, weil Fremdsprachenkenntnisse am besten durch den Gebrauch der Sprache erworben werden, sondern weil es fernab von zu Hause noch viel mehr zu lernen gibt als nur eine neue Sprache. „Andere Länder, andere Sitten", so lautet ein Sprichwort, das mit vier Worten auf den Punkt bringt, was neben dem Spracherwerb meiner Ansicht nach das Hauptargument für ein Auslandsschuljahr ist. Denn wer Deutschland hinter sich lässt und beispielsweise ein Gastschuljahr bei einer Familie in den USA verbringt, taucht ein in eine andere Kultur. Diese betrifft das Schulsystem, die Ernährungsgewohnheiten, die Lebensbedingungen, die Moralvorstellungen und natürlich auch die Rituale in der Gastfamilie, die von den gewohnten Abläufen zu Hause vollkommen abweichen können. Sich mit all diesen Neuerungen zu arrangieren und sie anzunehmen, erfordert Mut und Anpassungsfähigkeit. Man kann nicht wie

> **Hauptteil:**
> **Argumente für ein Gastschuljahr:**
> Sprachkenntnisse
>
> Kennenlernen einer anderen Kultur

28

zu Hause schnell mal die Eltern bitten, bei der Lösung von Problemen behilflich zu sein. Wem es gelingt, ohne die gewohnte Unterstützung von Familie und Freunden im Ausland zurechtzukommen, der wird selbstständiger, stärkt sein Selbstvertrauen und wird auch im späteren Leben vor schwierigen Aufgaben nicht zurückschrecken. Überdies verhilft der Blick über den Tellerrand, der mit dem Auslandsaufenthalt zwangsläufig verbunden ist, zu einer erweiterten Sichtweise von Lebensmöglichkeiten: Außerhalb der eigenen begrenzten Welt leben die Menschen anders, haben andere Werte, andere Lebensziele, kurz: eine andere Mentalität. Diese zu respektieren und als gleichwertig mit den eigenen anzuerkennen ist ein wichtiger Effekt, der mit dem Aufenthalt im Ausland verbunden sein kann.

Stärkung des Selbstbewusstseins und -vertrauens

Respekt für andere Mentalitäten

Ein weiteres Argument für ein Auslandsschuljahr ist das Knüpfen von Kontakten, die einem auch später noch nützlich sein können. Zum einen ist es einfach schön, Freunde im Ausland zu haben, die man besuchen kann, zum anderen können internationale freundschaftliche Verbindungen aus der Schulzeit später auch berufliche Vorteile bringen.

Knüpfen von Kontakten: private und berufliche Vorteile

Gegen ein Auslandsschuljahr spricht, dass man ein ganzes Jahr in seiner schulischen Laufbahn verliert. Den wenigsten gelingt es, nach der Rückkehr in ihrem alten Jahrgang gleich wieder Fuß zu fassen, sie müssen eine Klasse wiederholen. Selbst wenn man in seinem Auslandsjahr viel gelernt hat und die Fremdsprache gut beherrscht, fehlt ein großer Teil des für deutsche Schulabschlüsse notwendigen Lernstoffs.

Argumente gegen ein Gastschuljahr: *Verzögerung der Schullaufbahn*

Manche Jugendliche merken zudem erst, wenn sie im Ausland angekommen sind, dass sie sich doch noch nicht reif genug fühlen, so lange von zu Hause weg zu sein. Sie haben Heimweh und brechen das Gastschuljahr vorzeitig ab. In solchen Fällen ist viel Geld und Vorbereitungszeit verschwendet worden.

Schüler z. T. zu jung für Gastschuljahr

Ich denke jedoch, dass solche Fälle selten sind und bin der Meinung, dass sich ein Auslandsschuljahr in den meisten Fällen positiv auf die geistige und seelische Entwicklung von Jugendlichen auswirkt. Da aber für den Flug und Schulgebühren viel Geld aufgewendet werden muss, bleibt diese

Schluss: *Stellungnahme*

Möglichkeit den meisten verschlossen. Um Fremdsprachen zu lernen und Verständnis für fremde Lebenskulturen zu verankern, sollte mithilfe von Stipendien jeder die Möglichkeit bekommen, ein Gastschuljahr im Ausland zu verbringen.

Forderung nach mehr Stipendien

b) *Hinweis: Obwohl es sich bei dieser Aufgabenstellung um einen **persönlichen Brief** handelt, musst du verschiedene formale Aspekte beachten. Dazu gehören Ort und Datum, Anrede und auch die Grußformel am Schluss. In der Einleitung nennst du den Grund für dein Schreiben. Im Hauptteil beschreibst du sinnliche Eindrücke der von dir gewählten Jahreszeit, also alles, was man hört, sieht, riecht, schmeckt und fühlt. Geeignete sprachliche Mittel für eine solche Beschreibung sind anschauliche Verben und Adjektive, Farben und bildhafte Vergleiche. In den Schlussteil des Briefes gehören vertraute, persönliche Worte, z. B. der Wunsch nach einem baldigen Wiedersehen. Mit der Grußformel und deiner Unterschrift wird der Brief beendet.*

Frostbeulen, 6. Januar 20xx

Ort, Datum

Liebe Anna,

Anrede

als du im August zu deinem Auslandsjahr nach Mittelamerika aufgebrochen bist, waren ich und die meisten anderen aus der Klasse schon ziemlich neidisch: Die große Reise, das fremde Land, das warme Klima. Auch jetzt noch, wenn wir deine kurzen Statements und Fotos sehen, die du auf facebook postest, wünschen wir uns auch ein bisschen Regenwald und Tropenhitze. Nun hast du geschrieben, dass dir genau das ziemlich auf die Nerven geht: Es ist immer warm, selbst wenn es regnet. Dir fehlen die bunten Laubwälder im Herbst und der knackige Frost im Winter; es gibt keine wirklichen Jahreszeiten, wie du sie von zu Hause kennst. Also versuche ich mal, dir den Gefallen zu tun und zu beschreiben, wie es hier im Moment ist, wenn ich auch nicht verstehe, wie man so etwas vermissen kann.

Einleitung:
Ausgangssituation

Schreibanlass: Anna vermisst Herbst und Winter

Seit Weihnachten haben wir hier wirklich Winter nach Vorschrift. Pünktlich zu Heiligabend rieselten Watteflöckchen vom Himmel, so sanft und zart, als hätten die kleinen Engel da oben kurz mal ihre Flügel ausgeschüttelt. Das ging die ganze Nacht und den nächsten Tag so weiter, bis alles von

Hauptteil:
lebendige Beschreibung des Winters

30

einer dicken puderigen Schicht überdeckt war. Erinnerst du dich an das knirschende Geräusch, das die Stiefel beim Laufen im frischen Schnee machen? Oder an das Gefühl, wie die Hände langsam kalt werden, weil man auf jedem Gartenpfosten und auf jeder Windschutzscheibe einen möglichst makellosen Handabdruck hinterlassen will? Kennst du noch das eisblaue Leuchten der schneebedeckten Hügel, kurz bevor die Sonne untergeht? Und den unverwechselbaren Geschmack von auf der Zunge schmelzenden Schneekristallen? Der Zauber dieser ersten Winternacht hielt eine ganze Weile an, weil wegen der Feiertage kaum jemand unterwegs war, um die Weichheit und Stille zu stören. Und es schneite weiter, bis in den Januar hinein. Dann kam der Frost und konservierte die ganze Pracht. Die Nächte sind bitterkalt und sternenschön, tagsüber bricht sich das Sonnenlicht in den Eiszapfen, die als bizarre Girlanden Laternenpfähle und Dachrinnen schmücken. Wir haben noch Ferien, die Rodelhänge und Schlittschuhseen sind dicht bevölkert, in den Supermärkten gibt es einen Engpass bei Meisenknödeln und Sonnenblumenkernen. Am Montag fängt die Schule wieder an und wir hoffen alle, dass die Heizung über die Feiertage nicht schlapp gemacht hat.

Solche Probleme kennst du nicht, aber ich hoffe, ich habe dir mit diesem Brief trotzdem so viel Lust auf unseren deutschen Winter gemacht, dass du deinen Plan, möglicherweise länger in Costa Rica zu bleiben, nicht ernsthaft verfolgst.

Ich vermisse dich und freue mich auf ein Wiedersehen im Juni,

Deine allerbeste Freundin Lisa

II.B: Sprachliche Richtigkeit

1. **Energie-Trends von morgen**

Welche Kräfte ein Lenkdrachen ~~entfallten~~ **entfalten**[1] kann, weiß jeder, **(fehlendes Komma)**[2] der schon einmal an stürmischen Tagen einen solchen Himmelsvogel hat steigen lassen. Der Niederländer Wubbo Ockels, Professor für Luft- und Raumfahrttechnik an der Universität Delft, will nun diese Kraft nutzen und den Windrädern am Boden mit Lenkdrachen in der Luft ~~Konkurenz~~ **Konkurrenz**[3] machen. Das ~~Prinnzip~~ **Prinzip**[4] der Energieerzeugung, ~~dass~~ **das**[5] mit dem eines Jo-Jos vergleichbar ist, hat er „Kite-Power" genannt. Dabei wird beim Auf- und ~~abwickeln~~ **Abwickeln**[6] des Zugseils, mit dem der Drachen aus Holland gelenkt wird, gleichzeitig ein Generator angetrieben. In einer Höhe von 500 Metern sei der Einsatz besonders ~~effektif~~ **effektiv**[7], **(fehlendes Komma)**[8] da dort konstantere ~~Windströhme~~ **Windströme**[9] herrschten als in tieferen Luftschichten. Gegenüber herkömmlichen Windrädern seien diese fliegenden Kleinkraftwerke nicht nur unauffälliger, **(fehlendes Komma)**[10] billiger und leiser, sondern hätten auch eine höhere ~~Energieausbäute~~ **Energieausbeute**[11], so der Professor. Ganze Drachenschwärme will der ~~niederländer~~ **Niederländer**[12] zukünftig steigen lassen, um auf diese Weise möglichst viel Strom zu erzeugen.

🖢 *Hinweis: 1) Folgen auf einen kurz gesprochenen Vokal zwei verschiedene Konsonanten (hier: l und t), so schreibt man keinen Doppelkonsonanten. 2) Komma vor dem Relativsatz, eingeleitet durch das Relativpronomen „der" und erkennbar am finiten Verb am Satzende; 3) „Konkurrenz" ist ein Fremdwort. Sieh die richtige Schreibung im Wörterbuch nach, wenn du dir unsicher bist. 4) Auch „Prinzip" ist ein Fremdwort, das du im Wörterbuch nachschlagen kannst. Dass das „n" in der Wortmitte nicht verdoppelt wird, kannst du aber auch hier wieder aus der Regel ableiten, dass man keinen Doppelkonsonanten schreibt, wenn auf einen kurz gesprochenen Vokal zwei verschiedene Konsonanten (hier n und z) folgen. 5) „Das" bezieht sich hier auf das Subjekt „Prinzip der Energieerzeugung" und hat daher die Funktion eines Relativpronomens, welches mit einfachem „s" geschrieben wird. 6) Die Verben „aufwickeln" bzw. „abwickeln" wurden hier nominalisiert, was du an dem „versteckten" Artikel (beim = bei dem) erkennen kannst. Auch wenn hier ein Wortbestandteil weggelassen und durch einen Bindestrich ersetzt wurde, um die Wortwiederholung zu vermeiden, musst du nach dem eingeschobenen „und" großschreiben, da es sich um zwei verschiedene Nomen handelt. Ersetze zur Probe den Bindestrich: „beim Aufwickeln und Abwickeln". 7) „Effektiv" ist ein Fremdwort. Schlage im Wörterbuch nach. Du kannst die korrekte Schreibweise aber auch von der Regel ableiten, dass es im Deutschen keine Adjektive gibt, die auf „if" enden. Immer wenn du diese Konsonantenfolge am Wortende hörst, musst du „iv" schreiben (z. B. aktiv, impulsiv etc.).* **8)** *„Da" ist hier eine Konjunktion; sie leitet einen kausalen Nebensatz ein.* **9)** *Bilde zunächst die Grundform (hier: Einzahl): Windstrom → Windströme. Wenn du dir dann immer noch unsicher bist, sieh im Wörterbuch nach. Das Wort „Strom" ist eine der Ausnahmen, bei denen nach dem lang gesprochenen Vokal kein Dehnungs-h steht, obwohl ein „m" als Konsonant folgt. Erinnere dich: Bei den meisten Wörtern, bei denen auf den lang gesprochenen Vokal ein l, m, n, oder r folgt, schreibt man ein Dehnungs-h.* **10)** *Kommasetzung zur Kennzeichnung von Aufzählungen;* **11)** *Überlege dir, ob der Wortstamm oder ein verwandtes Wort mit „au" geschrieben wird. Das ist hier nicht der Fall, daher schreibt man „eu".* **12)** *„Niederländer" ist ein Nomen, erkennbar an dem Artikel „der".*

2.

Aktiv	Passiv
Ben liebt Anna.	Anna wird von Ben geliebt.
David rauchte heimlich eine Zigarette.	Eine Zigarette wurde heimlich von David geraucht.
Nils hat das Biologiereferat gehalten.	Das Biologiereferat ist von Nils gehalten worden.
Die Schulleiterin wird morgen die erfolgreichen Zehntklässler verabschieden.	Die erfolgreichen Zehntklässler werden morgen von der Schulleiterin verabschiedet werden.

*✦ **Hinweis:** Bei der Umformung vom Aktiv zum Passiv wird das Objekt (**Satz 1:** Anna, **Satz 3:** Biologiereferat) zum Subjekt. Bei der Umwandlung vom Passiv ins Aktiv wird das Subjekt zum Objekt (**Satz 2:** Zigarette, **Satz 4:** Zehntklässler). Achte immer darauf, die Zeitform beizubehalten: **Satz 1:** Präsens, **Satz 2:** Präteritum, **Satz 3:** Perfekt, **Satz 4:** Futur I.*

3.

Satz	Begründung
Die Lehrerin fragte sich, ob sie ihrer Klasse diesmal nicht zu viele Hausaufgaben gegeben hatte.	C/D
Die Schüler sollten Mathe üben, Vokabeln lernen, ein Referat vorbereiten und einen Aufsatz schreiben.	A

„Das ist zu viel!", protestierten sie laut, „wir wollten heute Nachmittag ins Schwimmbad gehen."	E
Die Lehrerin gab nach, weil das Wetter so schön war.	D
Am nächsten Tag bekam die Lehrerin, eigentlich eine strenge Person, von ihrer Klasse einen Blumenstrauß geschenkt.	B

✎ **Hinweis:** *Überprüfe bei jedem Teilsatz, ob er auch alleine stehen könnte. (Oft musst du dazu die Wortfolge innerhalb des Teilsatzes verändern.) Ist der Satz auch ohne den zweiten Teilsatz sinnvoll, handelt es sich um einen Hauptsatz.* **Satz 1:** *Du erkennst den indirekten Fragesatz an der Konjunktion „ob" und daran, dass das finite Verb („hatte") am Satzende steht.* **Satz 4:** *„Weil" ist eine Konjunktion, die einen kausalen (grundangebenden) Nebensatz einleitet (das finite Verb „war" steht am Nebensatzende).* **Satz 5:** *Dass es sich um einen Einschub handelt und nicht um einen Nebensatz, erkennst du am fehlenden Verb. Ein Nebensatz würde z. B. lauten: [...] die Lehrerin, die eigentlich eine strenge Person war, [...].*

4.

Satz	Strategie
Der Lehrer pla<u>tz</u>ierte den neuen Schüler in der ersten Reihe.	E
Lisa und Lena wollten am Nachmittag <u>e</u>inkaufen gehen.	A
Beim <u>K</u>lettern brach Tom sich den kleinen Finger.	A
Die letzte <u>M</u>ondfinsternis war wegen des klaren Himmels gut zu sehen.	D/A
Am letzten Tag vor den Ferien ist der Unterricht immer besonders lusti<u>g</u>.	C

✎ **Hinweis: Satz 1:** *Das „a" wird in „platzieren" kurz gesprochen. Nach kurz gesprochenem Vokal schreibt man „tz", nicht „z".* **Satz 2:** *Das Wort „einkaufen" ist hier ein Verb, kein Nomen, daher musst du es kleinschreiben. Großschreiben müsstest du, wenn es heißen würde „zum Einkaufen gehen". In diesem Fall wäre „Einkaufen" eine Nominalisierung.* **Satz 3:** *„Klettern" ist hier ein Nomen, erkennbar an dem „versteckten" Artikel (beim = bei dem Klettern).* **Satz 4:** *„-nis" ist eine typische Nachsilbe bei Nomen (vgl. z. B. Finsternis).* **Satz 5:** *lustig → lustiger; wenn du den Komparativ bildest, fällt dir auf, dass in der Wortmitte ein weich gesprochenes „g" steht, kein hart gesprochenes „k".*

Abschlussprüfung Deutsch an Realschulen in Hessen
Übungsaufgabe 4

Text: Erich Kästner: Die Zeit fährt Auto

Teil I: Lesen

1. a) ☒ die Zeit

   ✐ *Hinweis: vgl. Überschrift, V. 6*

   b) ☒ Geld und Gesellschaft

   ✐ *Hinweis: Die Themenbereiche Wirtschaft und Politik („Minister") werden in dem Gedicht zwar angesprochen. Im Vordergrund stehen jedoch das Thema Geld (vgl. V. 2f., 12) und die Frage, wie sich der Umgang der Menschen damit auf die Gesellschaft auswirkt.*

   c) ☒ Glaubwürdigkeit haben

   ✐ *Hinweis: In der Aufgabe wird nach der übertragenen Bedeutung gefragt. Im eigentlichen Sinne bedeutet „Kredit haben", dass man etwas kauft, aber erst später bezahlen muss. Sieh im Wörterbuch nach, falls du dir unsicher bist. Dort wird „Kredit" u. a. als „Zahlungsaufschub" erklärt. Daraus leitet sich die übertragene Bedeutung ab: Man ist glaubwürdig, d. h. es wird geglaubt, dass man in der Lage ist, zu einem späteren Zeitpunkt zu bezahlen.*

   d) ☒ Erdkugel

   ✐ *Hinweis: Sieh auch hier im Wörterbuch nach, falls dir die genaue Bedeutung des Begriffs „Globus" nicht bekannt ist.*

   e) ☒ Ruhe

2. a) Die Welt wird in dem Gedicht als ein Ort beschrieben, an dem …

	richtig	falsch
die Menschen ein geruhsames Leben führen können.	☐	☒
Reiche bevorzugt werden.	☒	☐
die Menschen ihr Leben im Griff haben.	☐	☒
das Leben an den Menschen vorbeiläuft.	☒	☐
Geld keine Rolle spielt.	☐	☒

35

Hinweis: Dass Reiche laut Gedicht bevorzugt werden, kannst du aus dem zweiten Vers ableiten: „Wenn jemand Geld hat, hat er auch Kredit." Das bedeutet, dass gerade Menschen, die schon viel Geld besitzen, als glaubwürdig genug erachtet werden, einen Kredit zu bekommen.

b) ☒ Die Menschen verschließen den Blick vor der Realität. Sie handeln nicht.

Hinweis: Die Begriffe „aussperren" und „streiken" werden hier im übertragenen Sinne verwendet. Wenn jemand etwas „aussperrt", dann kann das auch bedeuten, dass er etwas nicht sehen oder wahrhaben möchte.

3. Reimschema: abaab cdccd efeef; Formen: Kreuzreim, Paarreim, umarmender Reim

Hinweis: Die jeweils ersten und zweiten bilden mit den vierten und fünften Versen jeder Strophe einen Kreuzreim. Die dritten und vierten Verse jeder Strophe bilden einen Paarreim (unreiner Reim im vierten Vers). Die Verse zwei bis fünf jeder Strophe bilden einen umarmenden Reim.

4. Der Refrain findet sich in jeder Strophe im 5. Vers; erster Teil („Der Globus dreht sich") in jeder Strophe identisch, zweiter Teil unterschiedlich.
„Der Globus dreht sich. Und wir drehn uns mit." (1. Strophe)
„Der Globus dreht sich und geht nicht entzwei." (2. Strophe)
„Der Globus dreht sich. Doch man sieht es nicht." (3. Strophe)

5.

Zitat	Sprachliches Mittel
„Die Menschen sperren aus. Die Menschen streiken." (V. 4)	A
„Das Leben fliegt wie ein Gehöft vorbei." (V. 7)	V/P
„Wer weiß, ob sie im Ernste daran denken?" (V. 9)	R
„Das Geld kursiert, als sei das seine Pflicht." (V. 12)	P
„Was gestern war, geht heute schon in Scherben." (V. 14)	AT/M

6. a) ☒ Aneinanderreihung von Hauptsätzen

b) Durch die Aneinanderreihung von meist kurzen und einfach gebauten Hauptsätzen entsteht der Eindruck einer monotonen, gleichmäßigen Bewegung, der durch den Refrain im jeweils letzten Vers unterstützt wird.

7. a) Der Autor verwendet häufig das Stilmittel der Personifikation: „Die Zeit fährt Auto" (Titel und V. 6), „Die Städte wachsen. Und die Kurse steigen" (V. 1), „Die Konten reden. Die Bilanzen schweigen" (V. 3), „Das Geld kursiert, als sei das seine Pflicht" (V. 12). Nicht die Menschen, sondern die Dinge sind die eigentlich Handelnden, die die Entwicklung und den Fortschritt vorantreiben. Die Menschen stehen diesem Voranschreiten der Welt eher hilflos gegenüber, sie „sperren aus", „streiken" (V. 4) und können nicht lenken (vgl. V. 6), zeichnen sich also durch Verweigerung, Passivität und Unfähigkeit aus.

b) In Vers 8 f. wird infrage gestellt, ob die Entscheidungsträger, d. h. die Minister, ernsthaft vorhaben, ihre Versprechen in die Tat umzusetzen. Das vermittelt ebenso eine pessimistische Weltsicht wie die Verse 13 und 14 in der dritten Strophe: „Fabriken wachsen. Und Fabriken sterben. / Was gestern war, geht heute schon in Scherben." Diese beiden Textstellen sagen aus, dass alles irgendwann zugrunde gehen wird.

8. Die Form des Gedichts passt meiner Meinung nach zum Inhalt des Gedichts. Die gleichmäßige Reimform, die kurzen Hauptsätze und der sich wiederholende Refrain in den jeweils letzten Versen verleihen dem Gedicht einen monotonen, gleichbleibenden Rhythmus. Damit wird die Aussage des Gedichts unterstrichen, dass der Mensch den Lauf der Zeit nicht beeinflussen kann. Unbeirrt von allem, was auf ihr passiert, dreht sich die Welt weiter. Auch die pessimistische Sichtweise des Gedichts, dass die Menschen gefühllos und nur an Geld interessiert seien, wird durch die eintönig und wenig lebendig wirkende Form unterstützt.

9. a) *Hinweis: Bei dieser Aufgabe gibt es keine richtige oder falsche Antwort. Entscheidend ist, dass du die Aussage, die du auswählst, gut begründen kannst. Lies dir die drei Möglichkeiten gut durch und notiere zu jeder Aussage Stichpunkte, dann wirst du schnell merken, zu welcher Aussage dir am meisten Gründe und Beispiele einfallen.*
Lösungsvorschlag 1:
Meiner Meinung nach passt die erste Aussage am besten zu dem Gedicht. Das wird besonders deutlich in der zweiten Strophe, Vers 6: „Die Zeit fährt Auto. Doch kein Mensch kann lenken." Damit wird ausgedrückt, dass die Menschen keinen Überblick mehr darüber haben, welche Richtung ihr Leben nimmt, und sie auch das Ziel nicht kennen. Selbst diejenigen, die an den

Schaltstellen, d. h. am Steuer sitzen, beschränken sich aufs Reden, und es wird infrage gestellt, ob sie überhaupt vorhaben, lenkend einzugreifen: „Minister sprechen oft vom Steuersenken. / Wer weiß, ob sie im Ernste daran denken?" (V. 8 f.)

Lösungsvorschlag 2:
Diese Aussage trifft die Kernaussage des Gedichts am besten, denn sowohl in der ersten als auch in der letzten Strophe werden nicht die Menschen, sondern Dinge und abstrakte Begriffe aus der Wirtschaftswelt als die eigentlich Handelnden dargestellt. Während die Menschen sich verweigern („Die Menschen sperren aus. Die Menschen streiken.", V. 4), „reden" die Konten, „schweigen" die Bilanzen (vgl. V. 3), kursiert das Geld, „als sei das seine Pflicht" (V. 12). Städte und Fabriken sind wie Lebewesen, die wachsen und sterben (vgl. V. 1, 13), ohne dass der Mensch darauf Einfluss nehmen kann.

Lösungsvorschlag 3:
Ich bin der Auffassung, dass diese Aussage am ehesten zutrifft, denn in allen drei Strophen heißt es im letzten Vers, dass die Welt fortbesteht, gleichgültig, was die Menschen auf ihr anstellen. („Der Globus dreht sich [...]", V. 5, 10, 15). In der letzten Strophe setzt der Autor dem Gewinnstreben der Menschen das vergebliche und Vergängliche all ihrer Bemühungen entgegen: „Fabriken wachsen. Und Fabriken sterben. / Was gestern war, geht heute schon in Scherben." (V. 13 f.) Die Menschen sind blind dafür, dass alles, was sie gewinnen und erwerben, keinen Bestand und überdies keinen Einfluss auf den Fortbestand der Welt hat. „Der Globus dreht sich. Doch man sieht es nicht." (V. 15)

b) In dem Gedicht lassen sich gesellschaftskritische Bezüge zur heutigen Zeit feststellen. Sowohl von der Bankenkrise als auch von der wirtschaftlichen Entwicklung ist zwar nahezu die gesamte Bevölkerung betroffen, kaum jemand hat jedoch die Möglichkeit, aktiv an Veränderungen in diesen Bereichen mitzuwirken. Das heißt, die Gesellschaft schwimmt im Strom der Zeit mit, ohne ihn beeinflussen zu können. Nicht mehr aktuell ist jedoch meiner Meinung nach der Vers 10: „Der Globus dreht sich und geht nicht entzwei." 1928 musste sich noch niemand mit ökologischen Themen wie dem Raubbau an der Natur oder der durch Menschen verursachten Klimaveränderung beschäftigen. So, wie wir heute mit dem „Globus" umgehen, wird er vermutlich zwar nicht „entzwei" gehen, aber in weiten Teilen unbewohnbar werden. Leider sind auch bei diesen Themen die Menschen zu passiv und träge oder als Politiker zu sehr auf ihren eigenen Vorteil bedacht, um durch aktives Handeln eine Änderung herbeizuführen. Was diese menschlichen Eigenschaften betrifft, ist das Gedicht „Die Zeit fährt Auto" ebenfalls hochaktuell.

Teil II: Schreiben

II.A: Textproduktion (Wahlaufgabe)

a) ✐ *Hinweis: Bei dieser Aufgabenstellung geht es um die Erörterung der Streitfrage, ob Geld allein glücklich macht. Um begründet zu dieser Frage Stellung zu nehmen, musst du für dich zunächst einmal die weitergehende Frage beantworten, die sich aus der Aufgabenstellung erschließt: Gibt es Wichtiges im Leben, das man mit Geld nicht kaufen kann? Und welche Rolle spielen z. B. Freundschaften und eine erfüllende Beschäftigung für dich? In der Einleitung beschreibst du z. B. die Möglichkeiten, die der finanzielle Überfluss dir bieten würde, und welche Wünsche du dir erfüllen könntest. Im Hauptteil relativierst du diese Darstellung, im Schlussteil ziehst du ein persönliches Fazit und unterstützt es noch einmal mit deinem stärksten Argument.*

Wenn ich reich wäre, könnte ich mir alles kaufen, was ich mir wünsche. Ich hätte immer die neueste Markenkleidung, würde mit meiner Familie in einer Villa mit großem Garten und Pool leben und würde mir, sowie ich den Führerschein gemacht habe, einen teuren Sportwagen kaufen. Jede Woche würde ich meine Freunde zu einer Party einladen, mindestens zweimal im Jahr gäbe es eine große Reise. Ich hätte Dienstboten und müsste mich um nichts kümmern. Um mein Gewissen zu beruhigen, würde ich vielleicht eine Schule in Afrika unterstützen oder ein anderes Hilfsprojekt sponsern. Das ist eine schöne Vorstellung und ich glaube, dass ich eine Weile damit sehr glücklich sein könnte.

Einleitung:
einführende Beschreibung eines reichen Lebens

Andererseits denke ich aber auch, dass ich bald genug davon hätte, immer nur einzukaufen, zu feiern und zu verreisen. Um auf Dauer mit mir und meinem Leben zufrieden zu sein, müsste ich eine Beschäftigung haben, die mich ausfüllt und von der ich das Gefühl hätte, dass sie sinnvoll ist. Ich fände es nicht gut, immer nur in den Tag hinein zu leben und Geld

Hauptteil:
Meinungsäußerung: Geld allein reicht nicht aus für ein erfülltes Leben

auszugeben, das ich möglicherweise noch nicht einmal selbst verdient habe. Angesichts der vielen Menschen, die täglich hart arbeiten müssen, um ihre Miete und ihr Essen zu bezahlen, käme ich mir wie ein Schmarotzer vor. Zudem wäre es mir wichtig zu wissen, dass meine Freunde in erster Linie wegen mir und nicht wegen meines Geldes zu mir oder auf meine Partys kommen. Bestimmt ist vieles im Leben leichter, wenn man keine Geldsorgen hat, eine Garantie für ein glückliches Leben ist das aber nicht.

Man liest häufig von Schauspielern, Models, Spitzensportlern oder Rockstars, die in kurzer Zeit viele Millionen verdient haben und mit ihrem Leben nicht zurechtkommen, ihre Familien verlassen, drogensüchtig werden und ihr Talent vergeuden. Anscheinend ist es so, dass viel Geld nur dann glücklich macht, wenn andere wichtige Komponenten dazukommen, die einem Sicherheit geben: Freude an dem, was man tut, Halt durch die Familie und verlässliche Freunde. Um diese Dinge zu erlangen, kommt es aber weniger auf Geld als auf persönliche Qualitäten an.

Beispiel: Schauspieler, Models etc.

Deshalb bin ich der Überzeugung, dass ein sorgenfreies und erfülltes Leben auch dann möglich ist, wenn man nur ein durchschnittliches Einkommen hat.

Schluss: Bekräftigung der eigenen Meinung

b) ✏ *Hinweis: Auch wenn es sich hier um ein vollkommen fiktives Gespräch und eine fiktive Gesprächssituation handelt, musst du bestimmte formale und inhaltliche Vorgaben einhalten. Ein Interview beginnt mit einer Begrüßung und einem Gesprächsauftakt, aus dem klar wird, aus welchem Anlass das Interview geführt wird. Anschließend stellen die Reporter gezielte Fragen, die dem „Minister" Gelegenheit geben, entsprechend der Aufgabenstellung seine Pläne darzulegen. Drückt er sich unklar aus oder ergeht er sich in allgemeinen Formulierungen, sollten die Reporter nachhaken. Am Schluss bedanken sich beide Interviewpartner für das Gespräch und fügen noch eine Grußformel an. Achte darauf, dass es sich auch hier um eine argumentative Schreibaufgabe handelt, denn du sollst Vorschläge vorbringen und diese begründen.*

REPORTER: Herr Minister, guten Tag und herzlichen Glückwunsch zu Ihrer Ernennung. Sie haben eine Woche lang freie Hand. Was wollen Sie als Erstes tun?

MINISTER: Ebenfalls guten Tag und Danke für die Glückwünsche. Ich denke nicht, dass eine Woche für entscheidende Veränderungen reichen wird. Trotzdem möchte ich als Erstes versuchen, wenigstens die größten Ungerechtigkeiten zu beseitigen. Ich finde es nämlich nicht gut, dass manche Leute so viel Geld verdienen, dass sie es kaum in ihrem Leben ausgeben können.

REPORTER: An wen denken Sie da besonders?

MINISTER: Ich denke besonders an Geschäftsführer und Manager von Banken und Großkonzernen. Kürzlich wurde öffentlich bekannt, welche unglaublich hohen Jahresgehälter manche dieser Leute einstreichen. Andererseits gibt es Kinder und Jugendliche, die sich das Mittagessen in der Mensa ihrer Schule nicht leisten können oder die nicht an der Abschlussfahrt ihrer Klasse teilnehmen können, weil ihre Eltern nicht genug Geld dafür haben. Dieses Ungleichgewicht würde ich gerne wenigstens ansatzweise ändern.

REPORTER: Wie wollen Sie das erreichen? Ist das in so kurzer Zeit überhaupt möglich?

MINISTER: Ich werde die sehr reichen Menschen dazu verpflichten, Verantwortung für andere zu übernehmen.

REPORTER: In welcher Weise?

MINISTER: Jede Bank und jede große Firma muss eine oder mehrere Schulpatenschaften übernehmen und das Mittagessen oder Wanderfahrten mit regelmäßigen Spendenbeiträgen bezuschussen. Im Gegenzug könnte ich mir vorstellen, dass die jeweiligen Firmen dann auch Werbung in „ihren" Schulen machen dürfen.

REPORTER: Bleiben wir noch ein bisschen bei diesem Thema, Herr Minister. Uns stört z. B., dass unsere Schule an vielen Stellen so kaputt ist und nichts wirklich repariert werden kann, weil kein Geld dafür da ist. Uns und auch unseren Mitschülerinnen und Mitschülern würde es mehr Freude machen, in einer modernen, gut ausgestatteten

---

Einleitung:
Begrüßung,
Einleitungsfrage

Hauptteil:
Absichtserklärung

Erläuterung des
Vorhabens,
Beispiel für ungerechte Einkommensverteilung

Nachhaken
konkreter Vorschlag

Ansprechen der
mangelhaften
Ausstattung der
eigenen Schule

Schule zu lernen. Wir haben zu wenig Computer, viele
Fenster sind zugeschraubt, weil der Schließmechanismus
kaputt ist, die Vorhänge werden nie gewaschen und die
Toiletten sind einfach unbeschreiblich alt. Und das ist
nicht nur bei uns so, sondern an vielen Schulen. Welche
Idee haben Sie für dieses Problem?

MINISTER: Ich bin der Meinung, dass eigentlich genug
Geld da ist, um alle Schulen baulich und von der Aus-
stattung her auf den neuesten Stand zu bringen. Für die
Finanzierung müssten z. B. Steuern anders verteilt und
Projekte, die kaum jemandem nützen, gestrichen werden.
So wird z. B. sehr viel Geld für Raumfahrt und Rüstung
ausgegeben, das bei der Renovierung maroder Bildungs-
stätten besser angelegt wäre.

Lösungsvorschlag: mehr Geld für Bildungseinrichtungen

REPORTER: Gibt es weitere Vorhaben, die Sie in Ihrer kurzen Amtszeit auf den Weg bringen möchten?

MINISTER: Ja, ich möchte gerne erreichen, dass mehr Leute Elektroautos kaufen. Weil diese Fahrzeuge noch zu
teuer sind, tun das sehr wenige. Wenn die Regierung das
Flugbenzin besteuern würde, wäre genug Geld da, um
die Autos preiswerter zu machen und die Forschung im
Bereich alternative Antriebsmöglichkeiten intensiver zu
betreiben. Es gibt noch viel mehr, was man als Minister
tun könnte, um die Welt besser zu machen, aber wenn
ich das gerade genannte alles in einer Woche auf den
Weg bringen könnte, wäre ich schon sehr stolz.

weitere Vorhaben

Schlusswort

II.B: Sprachliche Richtigkeit

1. **Mimikry – Das Vorgaukeln von Gefahr**
Eine besondere Art der Tarnung in der Natur ist die sogenannte „Mimikry", (fehlendes Komma)[1] die auf dem Prinzip der Nachahmung beruht. Mithilfe von
Warnfarben imitieren wenig wehrhafte Tiere das Aussehen ~~gefärlicher~~ **gefährli-
cher**[2] Lebewesen. Leuchtende Rot-, Gelb- und Schwarztöne stehen in der Natur
für Gefahr. Wer eine solche Körperfärbung hat, ~~signalisirt~~ **signalisiert**[3] der Umgebung, ~~das~~ **dass**[4] er als Beutetier nicht taugt, weil er giftig oder vollkommen
~~ungeniessbar~~ **ungenießbar**[5] ist. Diesen Trick nutzen viele Tiere, um andere mit
ihrem ~~äußeren~~ **Äußeren**[6] zu täuschen. So wird z. B. die Schwebfliege wegen

ihres gelb-schwarzen Körpers häufig für eine ~~Wesbe~~ **Wespe**[7] gehalten – dabei hat sie noch nicht einmal einen Stachel und ist völlig ungefährlich. Auch andere Insekten wie Schmetterlinge und Käfer ~~teuschen~~ **täuschen**[8] durch ihr Erscheinungsbild ~~gefährlichkeit~~ **Gefährlichkeit**[9] vor, um sich ihre Feinde vom ~~Laib~~ **Leib**[10] zu halten**, (fehlendes Komma)**[11] denn die lassen schon aus Prinzip die Schnäbel, Zangen und ~~Rüßel~~ **Rüssel**[12] von Tieren mit grellen Farben.

Hinweis: 1) Komma vor dem Relativpronomen „die", das sich auf das Nomen „Mimikry" im Hauptsatz bezieht. 2) Folgt auf einen lang gesprochenen Vokal (hier „ä") ein l, m, n oder r, dann schreibt man in der Regel nach dem Vokal ein Dehnungs-h. 3) Sprich dir das Wort „signalisieren" langsam vor. Der i-Laut in der vorletzten Silbe wird lang gesprochen. Lange i-Laute schreibt man in der Regel als „ie". 4) „Dass" ist hier eine Konjunktion; es hat kein Bezugswort im vorangehenden Satz, daher kann es sich nicht um ein Relativpronomen handeln, das man mit einfachem „s" schreiben würde. Typische Signale für einen „dass"-Satz sind Verben des Sagens, Wollens, Fühlens, Denkens (z. B. „er gab zu verstehen, dass ..."; „er signalisierte, dass ..."). 5) Nach lang gesprochenem Vokal schreibt man den stimmlosen s-Laut mit „ß". 6) „Äußeren" ist hier ein Nomen, das du großschreiben musst (Possessivpronomen „ihre" als typischer Nomenbegleiter). 7) Sprich dir das Wort langsam vor, um herauszufinden, ob du den Binnenlaut stimmhaft oder stimmlos sprichst. Sieh im Wörterbuch nach, wenn du dir unsicher bist. 8) Wortursprung: Tausch → täuschen; 9) Bestimme die Wortart: „-keit" ist eine typische Nachsilbe bei Nomen → Großschreibung. 10) Den Unterschied zwischen „Leib" und „Laib" musst du auswendig lernen: „Leib" ist ein Synonym für „Körper"; „Laib" bezeichnet in der Regel einen Laib Brot. Sieh im Wörterbuch nach, dort werden die Begriffe kurz erklärt. 11) „Denn" ist eine kausale (begründende) Konjunktion, vor der ein Komma stehen muss. 12) „ss" nach kurz gesprochenem Vokal

2. a) Im Sommer treffen sich die Jugendlichen jeden (abend) an der Anglerhütte.

   Hinweis: „Abend" ist ein Nomen, das du großschreiben musst. Hier erkennst du es an dem vorangehenden Nomenbegleiter „jeden" (Indefinitpronomen).

   e) Dann kommen nämlich die Vereinsmitglieder bis zum frühen Sonntagmorgen zum (angeln).

   Hinweis: „Angeln" ist hier ein Nomen (vorangestellter Artikel: zum = zu dem) → Großschreibung.

g) Dafür ist (Wochentags) die Umgebung des Sees wieder wie ausgestorben.

Hinweis: Ebenso wie „montags" oder „samstags" ist „wochentags" ein Adverb, das du kleinschreiben musst.

i) Für das Legen eines Stromanschlusses wollte der Verein keine (Finanzielle) Anstrengung unternehmen.

Hinweis: „finanziell" ist ein Adjektiv → Kleinschreibung.

3. a) Saskia spielte mit ihrem Handy, während die Lehrerin die Hausaufgaben erklärte.

Hinweis: nachgestellter temporaler Konjunktionalsatz

b) Dass Paula einen Fruchtzwerg über ihr Deutschbuch kippte, fanden alle total lustig.

Hinweis: vorangestellter Konjunktionalsatz

c) Aber die Lehrerin gab der ganzen Klasse eine Strafarbeit, weil sie genervt war.

Hinweis: nachgestellter kausaler Konjunktionalsatz

d) Dann drohte sie den Schülern, deren Arbeitsblätter verschwunden waren, mit zusätzlichen Hausaufgaben.

Hinweis: eingeschobener Relativsatz

e) Obwohl sie ihre Unterlagen auch nicht dabeihatten, protestierten Celine und Chiara laut und heftig.

Hinweis: vorangestellter konzessiver Konjunktionalsatz

f) Kennst du eine Schule, in der man keine Grammatik lernen muss?

Hinweis: nachgestellter Relativsatz

4. Ich wünschte, ich **wäre** Spieler/Spielerin der deutschen Nationalmannschaft. Dann **könnte** ich jeden Tag Fußball spielen. In jedem Match **liefe** ich schneller als alle anderen. Ich **hätte** viele Fans und beim Betreten des Platzes **riefe** jeder meinen Namen. Mein Bild **fände** sich in allen Zeitungen wieder. Ich **käme** in der ganzen Welt herum und jeder **wüsste**, wer ich bin.

Hinweis: Der Text muss im Konjunktiv II stehen, weil er nicht die Realität, sondern einen Wunschtraum wiedergibt. Der Konjunktiv II wird abgeleitet von der Präteritumform des Verbs. Oft wird bei der Bildung zudem der Vokal zum Umlaut, also „a", „o", „u" zu „ä", „ö", „ü". Beispiel: haben → Präteritum: ich hatte → mit Umlaut: ich hätte.

Abschlussprüfung Deutsch an Realschulen in Hessen	
Übungsaufgabe 5	

Text: Heinrich Böll: Es wird etwas geschehen

Teil I: Lesen

1. **Aussagen**

	richtig	falsch
a) Der Erzähler hat keine Geldsorgen.	☐	☒
b) In der Kantine geht es sehr fröhlich zu.	☒	☐
c) Die Kellnerinnen singen bei der Arbeit.	☐	☒
d) Der Erzähler ernährt sich grundsätzlich gesund.	☐	☒
e) Der Erzähler bekommt die Stelle, weil er vorgibt, belastbar zu sein.	☒	☐
f) Die Leute in Wunsiedels Fabrik erzählen gern von ihrem Privatleben.	☐	☒
g) Herr Broschek ist ein leistungsorientierter Mann.	☒	☐
h) Wunsiedels Sekretärin kann stricken und singen.	☒	☐
i) Herr Wunsiedel ist direkt nach dem Aufstehen voller Tatendrang.	☒	☐
j) In Wunsiedels Fabrik gibt es keine feste Begrüßungsformel.	☐	☒

Hinweis: a) Vgl. Z. 6–8. b) Vgl. Z. 19 f., 25 f. c) Vgl. Z. 26–28. d) Vgl. Z. 33–40: Der Erzähler gibt nur vor, ein sich bewusst gesund ernährender Mensch zu sein, um den Job zu bekommen. e) Vgl. Z. 56–77. f) Vgl. Z. 87–90: Die Leute erzählen ihren Lebenslauf, d. h., sie berichten von ihrem Bildungsweg und ihrem beruflichen Werdegang, nicht von privaten Dingen. g) Vgl. Z. 94–103. h) Vgl. Z. 105 und 108 f. i) Vgl. Z. 110–112. j) Vgl. Z. 128–135; 157 f.: Die Worte, mit denen der Erzähler Herrn Wunsiedel antwortet, sind „vorgeschrieben“, d. h., es gibt eine feste Begrüßungsformel.

2. a) [X] Der Erzähler findet, dass sein neuer Job als offiziell Trauernder sehr gut zu ihm und seiner Einstellung passt.

b) [X] Herr Wunsiedel verlangt von seinen Angestellten, dass ihn alle freundlich und positiv grüßen.

c) [X] Der Erzähler wollte die Stelle in der Fabrik von Herrn Wunsiedel, weil er Geld brauchte.

Hinweis: a) Vgl. Z. 226 f. b) Vgl. Z. 157 f. c) Vgl. Z. 6–11.

3.

Ereignis/Handlung	Nummer
Herr Wunsiedel stirbt.	6 (Z. 163–168)
Der Erzähler frühstückt in der Kantine der Fabrik.	2 (Z. 31–42)
Der Erzähler arbeitet als berufsmäßig Trauernder.	10 (Z. 225–243)
Der Erzähler tritt seine neue Stelle an.	4 (Z. 77–84)
Herr Wunsiedel wird beerdigt.	8 (Z. 207–213)
Der Erzähler füllt den Prüfungsfragebogen aus.	3 (Z. 43–76)
Der Erzähler informiert Herrn Broschek über Wunsiedels Tod.	7 (Z. 169–189)
Der Erzähler sucht eine Arbeitsstelle.	1 (Z. 1–13)
Der Erzähler kündigt seine Stelle in Wunsiedels Fabrik.	9 (Z. 222–225)
Der Erzähler steigert sein Arbeitspensum.	5 (Z. 136–138)

4.

Zitat	Sprachliches Mittel
„Sie waren mit ungesungenen Liedern so angefüllt wie Hühner mit ungelegten Eiern." (Z. 28–30)	V
„Von Natur bin ich mehr dem Nachdenken und dem Nichtstun zugeneigt [...]." (Z. 3–5)	AL
„Interessant waren die Mittagspausen [...]." (Z. 85)	I

„Diese Reste der Behaarung sind die ersten Opfer ihres Tatendranges." (Z. 117–119)	M
„Es wimmelte in Wunsiedels Fabrik von Leuten [...]." (Z. 87 f.)	AL
„Auch hier war die Antwort so leicht wie die Lösung einer Gleichung ersten Grades." (Z. 66 f.)	V

✏ **Hinweis:** *Die Vergleiche im ersten und letzten Satz erkennst du jeweils an dem Vergleichswort „wie". Von Alliteration spricht man, wenn zwei oder mehr nahe beieinanderstehende Worte mit dem gleichen Buchstaben beginnen (Satz 2: Natur – Nachdenken – Nichtstun; Satz 5: wimmelte – Wunsiedel). Beim dritten Satz handelt es sich um eine Inversion, da das Adverb „interessant" hier zur Betonung vorangestellt ist. Die „normale" Satzstellung würde lauten: „Die Mittagspausen waren interessant." Satz 4: Der Begriff „Opfer" wird in der Regel nur in Bezug auf Lebewesen verwendet. Die Übertragung des Begriffs auf einen unbelebten Gegenstand, nämlich die abrasierten Barthaare, ist eine Metapher.*

5. a) „Handlungsschwanger" bedeutet im Textzusammenhang, dass der Erzähler voller Tatendrang ist. Er möchte den Anschein erwecken, dass er es kaum erwarten kann, endlich zu handeln.

   b) Dass der Erzähler „zum ersten Mal die Früchte seiner Nachdenklichkeit erntet" bedeutet, dass ihm seine Nachdenklichkeit zum ersten Mal einen Nutzen bringt. Seine Nachdenklichkeit hilft ihm, das Bewerbungsverfahren zu durchschauen und so letztendlich die Stelle zu bekommen.

6. Der Erzähler ist nachdenklich und klug, jedoch eher arbeitsscheu. Er sagt von sich selbst, dass er „mehr dem Nachdenken und dem Nichtstun zugeneigt [ist] als der Arbeit" (Z. 4 f.). Dies zeigt sich auch, nachdem er seinen neuen Job als offiziell Trauernder angetreten hat. Er berichtet, dass ihm diese Arbeit sehr entgegenkommt, weil er Zeit hat nachzudenken, während er hinter einem Sarg hergeht (vgl. Z. 241–243). Der Erzähler schlägt mit seiner neuen Beschäftigung also sozusagen zwei Fliegen mit einer Klappe: Er kann seiner Lieblingstätigkeit nachgehen und wird dafür auch noch bezahlt.
   Seine Klugheit beweist er bei der Eignungsprüfung in Wunsiedels Fabrik. Dort durchschaut er schnell, worauf es Herrn Wunsiedel ankommt, und passt sich den Bedingungen an, indem er die Fragen „richtig" beantwortet und sich erwartungsgemäß verhält.

7. **Hinweis:** *Ironie erkennst du in der Regel daran, dass „etwas nicht passt" – z. B. der (oft belustigte) Gesichtsausdruck oder das Augenzwinkern eines Sprechers zu dem, was er sagt. Bei dieser Aufgabe musst du dir überlegen, ob der Inhalt der Geschichte zum Titel bzw. Untertitel passt oder ob dieser indirekt auch ein solches „belustigtes Augenzwinkern" enthält. Stelle dir folgende Fragen: Was verbindest du mit dem Begriff „handlungsstark"? Erfüllen die „Handlungen" in der Geschichte deine Vorstellung von einem handlungsstarken Geschehen? Du kannst der Aussage des Lesers zustimmen oder ihr widersprechen. Entscheidend ist, wie du deine Meinung begründest.*

Lösungsvorschlag 1:
Ich bin ebenfalls der Meinung, dass der Untertitel ironisch gemeint ist. Unter einer handlungsstarken Geschichte stelle ich mir eine Geschichte vor, in der viele entscheidende Handlungen stattfinden, z. B. bei einem Feuerwehreinsatz o. Ä. Das ist bei dem vorliegenden Text aber nicht der Fall. Der Erzähler und seine Kollegen in Wunsiedels Fabrik reden zwar ständig davon, dass man handeln müsse (vgl. Z. 80–82), es wird aber nie gesagt, worin dieses Handeln bestehen soll. Ich denke, mit dem Untertitel „Eine handlungsstarke Geschichte" macht sich der Autor über solche Leute und Berufe lustig, in denen viele Worte gemacht werden, aber im Grunde nichts davon in die Tat umgesetzt wird.

Lösungsvorschlag 2:
Ich bin nicht der Meinung, dass der Untertitel ironisch zu verstehen ist. Die Geschichte ist durchaus handlungsstark, d. h., sie enthält viele entscheidende Handlungen. Der Erzähler handelt zunächst, indem er sich auf die Suche nach einer Arbeitsstelle begibt, sich so geschickt verhält, dass er die Stelle bekommt, und sie so gewissenhaft ausführt, dass er sie nicht wieder verliert. Als Herr Wunsiedel stirbt, handelt der Erzähler, indem er Herrn Broschek informiert und bei der Beerdigung einen Kranz trägt. Als sich ihm die Möglichkeit bietet, eine neue Stelle als „berufsmäßiger Trauernder" anzutreten, hält er auch nicht träge an seinem alten Job fest, sondern kündigt.

8. **Hinweis:** *Überlege, warum gerade diese Aussage am Ende der Geschichte steht. Versuche, eine Verbindung zum gesamten Text herzustellen. Vielleicht hast du dich selbst schon beim Lesen gefragt, was in der Fabrik eigentlich gemacht wird. Stelle Vermutungen darüber an, warum dem Erzähler diese (vermeintlich) zentrale Frage erst viel später einfällt. Achte darauf, dass du dich beim Argumentieren nicht zu weit vom Text entfernst.*

Lösungsvorschlag 1:
Meiner Ansicht nach trifft die erste Aussage am ehesten zu. Zunächst erstaunt es, dass der Erzähler nicht weiß, welches Produkt in Wunsiedels Fabrik hergestellt wird. Schließlich hat er täglich viele Stunden dort gearbeitet. Andererseits passt diese Unkenntnis zum übrigen Text, in dem keiner je von konkreten Inhalten spricht. Beispielsweise wird ständig gesagt „Es muss/wird etwas geschehen", aber was genau eigentlich geschehen soll, äußert niemand. Auch über die Kollegen und ihre Arbeitsbereiche erfährt man nichts Konkretes, bezüglich der Tätigkeit des Erzählers selbst erhält man nur eine vage Beschreibung von zahlreichen Telefonen. In Wunsiedels Fabrik zählt offensichtlich nicht in erster Linie das konkrete Produkt, sondern nur das Beschäftigtsein an sich, ganz egal, ob mit Seife oder irgendetwas anderem.

Lösungsvorschlag 2:
Ich denke, dass die zweite Aussage am besten zu der Geschichte passt. Der Erzähler stellt bereits am Anfang klar, dass er eigentlich arbeitsscheu und nur aus finanziellen Gründen an der Stelle in Wunsiedels Fabrik interessiert ist. Es wird auch von Beginn an deutlich, dass er der Fabrik ablehnend gegenübersteht (Z. 15: „misstrauisch", Z. 16: „Abneigung"). Er durchschaut schnell, worauf es Wunsiedel ankommt, und passt sich vordergründig den Anforderungen seiner neuen Stelle an. Dass er nicht wirklich weiß, was in der Fabrik hergestellt wird, zeigt, dass er seinen Job nie wirklich ernst genommen hat. Er hat das getan, was man von ihm erwartet hat, nämlich zu telefonieren und Handlungsanweisungen auszusprechen. Da für seine Aufgaben offensichtlich keine Produktkenntnisse erforderlich sind, holt er diese auch nicht ein, denn er hat kein persönliches Interesse an seiner Arbeit. Er tut nur so, als würde sie ihn ausfüllen, und kündigt, sobald sich eine neue Stelle anbietet.

Lösungsvorschlag 3:
Meiner Meinung nach ist die dritte Aussage die passendste. Der Erzähler führt eine Arbeit aus, die man in der heutigen Zeit am ehesten mit dem Begriff „Telefon-Marketing" umschreiben würde. Er sitzt am Telefon und spricht „Imperative" in den Hörer, vermutlich um Kunden zum „Handeln", d. h. zum Kaufen, zu motivieren. Dass er dabei anscheinend nicht weiß, welches Produkt er eigentlich anpreist, zeigt, dass seine Parolen leere Worthülsen sind, die sich im Prinzip auf jedes beliebige Produkt anwenden lassen. Um Wunsiedels Produkt anzupreisen, muss er nicht wissen, was es eigentlich ist und wie es hergestellt wird, solange er überzeugend ist.

Teil II: Schreiben

II.A: Textproduktion (Wahlaufgabe)

a) ✏ *Hinweis: Bei einem inneren Monolog geht es darum, dich möglichst gut in die Situation einer Figur hineinzuversetzen. Überlege, welche Gedanken und Gefühle sie beschäftigen könnten. Die Aufgabenstellung gibt dir bereits wesentliche Anhaltspunkte für den Aufbau deines Textes vor: Der „Sprecher" des inneren Monologs soll sich zunächst seine bisherigen Erfahrungen in der Fabrik und mit seinem verstorbenen Chef noch einmal vor Augen führen. Davon ausgehend macht er sich Gedanken über seine Zukunft sowie die der Fabrik. Diese vorgegebenen Punkte musst du in deinem Aufsatz unbedingt aufgreifen. Darüber hinaus kannst du deiner Fantasie aber freien Lauf lassen: Du kannst Leerstellen im Text durch eigene Ideen füllen oder Neues dazuerfinden. Wichtig ist aber, dass das, was du schreibst, immer noch zur vorliegenden Geschichte passt. Typisch für den Stil eines inneren Monologs sind unter anderem abgebrochene Sätze, Fragen an sich selbst, Gedankensprünge, Ausrufe etc. Beachte: Ein innerer Monolog wird in der Regel in der ersten Person Singular Präsens verfasst. Für den Rückblick musst du jedoch eine Vergangenheitsform verwenden, für die Gedanken über die Zukunft das Futur.*

Kaum zu glauben, was da gerade in der Fabrik passiert ist. Wie jeden Tag kommt der Chef zu mir herein, grüßt mit seinem üblichen Satz – und dann fällt er plötzlich um und ist tot. Direkt vor meiner Nase! Ich wusste überhaupt nicht, wie mir geschieht - stand, glaube ich, unter Schock, im ersten Moment. Und dabei hatte ich ja schon bei seinem Eintreten so ein seltsames Gefühl. Irgendetwas war anders gewesen ... Trotzdem, wer rechnet denn mit so etwas?	**Einstieg:** Bezugnahme auf das aktuelle Ereignis
Ich weiß noch genau, wie ich Herrn Wunsiedel das erste Mal traf. Es war am Tag meines Vorstellungsgesprächs – hatte gerade diesen albernen Test gemacht, der so leicht zu durchschauen war. Danach hatte ich ja schon erwartet, dass der Chef ein energischer Mann sein würde. Aber das ...!	**Rückblick:** erstes Treffen mit Herrn Wunsiedel
Herr Wunsiedel übertraf ja wirklich alles. Sein Tatendrang war ungebremst, sein Einsatz für die Firma immer 100 %. Aus jeder seiner Bewegungen war die Bedeutsamkeit derselben abzulesen. ... hat niemals etwas nur so nebenbei gemacht, oder halbherzig. Immer war er voller Entschlossenheit, was immer er machte, es hatte Gewicht.	**Eigenschaften Wunsiedels**

Klar, so viel Elan hat auch uns Mitarbeiter mitgerissen. Ich selbst habe mich ja von meinen neun Telefonen zu Beginn auf dreizehn gesteigert. Und das, obwohl ich nicht gerade arbeitswütig bin – kann kaum mithalten mit Kollegen wie dem Broschek. Unermüdlich ist der, genau wie der Chef. Ich glaube, gut acht Mal hat mir Broschek seinen Lebenslauf mittlerweile schon vorgetragen: Studium und Nachtarbeit, eine kranke Frau und sieben zu versorgende Kinder dazu, Prüfungen mit Auszeichnung usw. Und bei der Sekretärin des Chefs sieht es beinahe genauso aus. Kein Wunder, dass Wunsiedel die beiden eingestellt hat. Dagegen ich ... Aber auch mich hat ja sein handlungsstarkes Motto „Es muss etwas geschehen!" angespornt.

Reflextion der eigenen Tätigkeiten

Gedanken über Herrn Broschek und Wunsiedels Sekretärin

Wirkung des Firmen-Mottos

„Es muss etwas geschehen!" ... das hat er auch heute Morgen gerufen, als er in mein Büro kam. Aber irgendetwas war anders, ich habe es gespürt – und deshalb ja auch nicht sofort geantwortet. Aber womöglich habe ich es dadurch nur schlimmer gemacht, schließlich hat er mich angebrüllt wie verrückt, bevor er dann umfiel ...

Bezugnahme auf das aktuelle Ereignis

Was jetzt wohl aus der Fabrik wird? Ohne den Chef wird es doch nicht dasselbe sein. Ich weiß ehrlich nicht, ob ich trotzdem so motiviert weiterarbeiten, weiterhin „Es wird etwas geschehen!" rufen kann. Schließlich *ist* etwas geschehen ...

Nachdenken über die Zukunft der Firma

Andererseits, will ich das denn überhaupt? Ich kam ja nur wegen meiner akuten Geldnot zu dem Job in der Fabrik. Und jetzt bin ich täglich umgeben von diesen tatkräftigen Karrieremenschen – die scheinen niemals zu schlafen, tun niemals was Dummes. Täglich bemühe ich mich darum, meine 13 Telefone in Schach zu halten. Aber will ich das für den Rest meines Lebens tun? Ich glaube nicht.

eigene Zukunftspläne

Aber ich sollte etwas zur Ruhe kommen; werde erst mal über diesen Vorfall von heute Morgen schlafen. War ziemlich unerwartet und unschön. Wenn nächste Woche die Trauerfeier vorbei ist und in der Fabrik wieder Normalbetrieb herrscht, sehe ich vielleicht schon wieder etwas klarer.

abschließende Gedanken

b) *Hinweis:* *Um einen Bericht über deine ersten Arbeits- und Berufserfahrungen zu schreiben, musst du dir diese zunächst detailliert ins Gedächtnis rufen. Jeder Bericht gibt Antwort auf die bekannten W-Fragen. Beschreibe in der Einleitung, wann und wo deine Arbeitserfahrung stattgefunden hat, was du überblicksweise gemacht hast und wer dabei eine Rolle gespielt hat. Im Hauptteil berichtest du dann möglichst genau über die Einzelheiten deiner Tätigkeit in ihrer zeitlichen Reihenfolge. Erkläre hier auch, warum du etwas gemacht hast oder welchen Zweck es hatte. Im Schlussteil kannst du beschreiben, welche Folgen deine Erfahrungen in der Berufswelt für dich hatten. Achte darauf, dass du dich sachlich ausdrückst. Beschränke dich auf das Wichtige und berichte nur Tatsachen. Die vorherrschende Zeitform sollte wie in jedem Bericht das Präteritum sein. Für allgemeingültige Aussagen verwendest du das Präsens.*

Meine ersten Erfahrungen mit dem Arbeitsleben machte ich während eines dreiwöchigen Betriebspraktikums in der 9. Klasse. Das Praktikum absolvierte ich in einer Wiesbadener Apotheke, der Mond-Apotheke, weil ich nach meinem Abschluss eine Ausbildung zum pharmazeutisch-technischen Assistenten (PTA) beginnen möchte. In der Mond-Apotheke arbeiten neben der Apothekerin, der die Apotheke gehört, zwei pharmazeutisch-technische Assistenten, die mich während des Praktikums betreuten.

Einleitung: Beantwortung der W-Fragen

In den drei Wochen meines Praktikums hatte ich zahlreiche und verschiedene Aufgaben. Vom ersten Tag an half ich mit, die Medikamente, die dreimal täglich geliefert werden, zu erfassen. Dies geschieht, indem man sie erst einscannt und anschließend anhand des Arzneibuchs überprüft, ob es auch die richtigen Medikamente sind. Ich war dann dafür zuständig, die Medikamente in den Medikamentenschrank einzuräumen. Da dies aber nur ausgebildeten Fachkräften erlaubt ist, wurde ich dabei von einem meiner beiden Betreuer beaufsichtigt. Auch bei der Herstellung von Medikamenten wie Salben oder speziellen Heiltees durfte ich dabei sein und sogar teilweise selbst Hand anlegen: Zuerst wog die pharmazeutisch-technische Assistentin die einzelnen Zutaten ab, ich vermischte sie dann zum fertigen Produkt. Zu meinen Aufgaben gehörte auch, Medikamente auszusortieren, deren Haltbarkeit innerhalb eines Jahres abläuft. Diese wurden

Hauptteil: detaillierte Beschreibung der Aufgabenbereiche: Medikamente erfassen

Medikamente einräumen

Herstellen von Medikamenten

Medikamente aussortieren

52

dann an die Hersteller zurückgeschickt, da Medikamente nicht einfach weggeworfen werden dürfen.

Neben diesen interessanten Tätigkeiten hatte ich aber auch unerfreulichere Aufgaben. So war ich dafür zuständig, in den Pausen Kaffee zu kochen oder sortierte und ergänzte regelmäßig die ausliegenden Broschüren, z. B. die Apotheken-Umschau. Ebenfalls füllte ich die Mitgaben wieder auf. Das sind kleine Geschenke wie Taschentücher, Teeproben oder Bonbons, die man den Kunden mitgibt, damit sie das nächste Mal wieder diese Apotheke aufsuchen. Häufiger kam es außerdem vor, dass es für mich nichts zu tun gab, weil alle Mitarbeiter der Apotheke mit Kunden beschäftigt waren. Ich selbst durfte keine Kunden bedienen, übernahm aber manchmal, wenn sonst niemand Zeit hatte, den Telefondienst.

Insgesamt habe ich in diesem Praktikum aber positive Erfahrungen gemacht. Meine Kollegen, die mich betreuten, waren immer sehr hilfsbereit und ich verstand mich gut mit ihnen. Ich habe viele Eindrücke gesammelt und konnte mir danach ein so gutes Bild vom Beruf des pharmazeutisch-technischen Assistenten machen, dass ich mich entschieden habe, mich für einen Ausbildungsplatz in diesem Beruf zu bewerben. Probleme haben mir eigentlich nur die schwierigen lateinischen Medikamentennamen bereitet, die ich aber auch noch in den Griff bekommen werde.

Nebentätigkeiten:

Kaffee kochen
Zeitschriften auslegen
Mitgaben auffüllen

Telefondienst

Schluss:
Resümee

II.B: Sprachliche Richtigkeit

1. **Von Olympia nach London**

Die olympischen Spiele, **(fehlendes Komma)**[1] die zuletzt 2012 in London ausgetragen wurden, sind das älteste Sportfest der Welt: Ihr Ursprung liegt im antiken griechischen Olympia. Während die Spiele in unserer Zeit der ~~Völkerverstendigung~~ **Völkerverständigung**[2] dienen sollen, ~~hield~~ **hielt**[3] man sie in der Antike ab, um damit die Götter zu erfreuen. Anfangs trafen sich die Athleten nur für einen einzigen Wettlauf, den Stadionlauf, dessen Sieger einen Olivenkranz ~~eringen~~ **erringen**[4] konnte. Mit der Zeit kamen weitere Sportarten wie der Fünfkampf hinzu, bei dem sich die Sportler im Diskuswerfen, Weitsprung, Speerwerfen, im Ringkampf und im ~~laufen~~ **Laufen**[5] maßen. Die leicht- und schwerathletischen Wettbewerbe wurden nackt bestritten, Frauen war die Teilnahme ~~generel~~ **generell**[6] untersagt. Bei den ~~Antiken~~ **antiken**[7] Olympischen Spielen ging es nicht nur um den sportlichen Wettkampf und die Verehrung der Götter, auch musische Wettbewerbe wurden abgehalten. ~~Das~~ **Dass**[8] die Spiele auch dafür genutzt wurden, Geschäfte zu vereinbaren und politische ~~Alliantsen~~ **Allianzen**[9] zu schmieden, hängt damit zusammen, **(fehlendes Komma)**[10] dass in Olympia Menschen aus ganz Griechenland zusammenkamen, die sich sonst selten trafen. Das Ende der antiken Olympischen Spiele war gekommen, **(fehlendes Komma)**[11] als der christliche römische Kaiser Theodosius I. sie um das Jahr 400 verbot, da er sie wegen der heidnischen Götterverehrung ~~ablente~~ **ablehnte**[12]. Erst 1896 wurden sie wieder abgehalten.

✏ Hinweis: 1) „die" ist hier Relativpronomen und bezieht sich auf „Spiele"; den Relativsatz erkennst du daran, dass das finite Verb („wurden") am Ende steht. 2) Wortursprung: Verstand → Verständigung; 3) Verlängere das Wort zu „halten". 4) Zerlege das Wort in seine Bestandteile (er + ringen); aufgrund der Vorsilbe „er-" folgen hier zwei „r" aufeinander. 5) „Laufen" ist hier ein Nomen; das vorangestellte „im" enthält einen Artikel (im = in + dem). 6) „generell" ist ein Fremdwort; sieh im Wörterbuch nach, wenn du dir bei der Schreibung unsicher bist. 7) Das Wort „antiken" ist ein Adjektiv, das sich auf das Nomen „Spiele" bezieht → Kleinschreibung. 8) „Dass" ist hier eine Konjunktion, die einen Nebensatz einleitet (finites Verb „wurden" am Nebensatzende). 9) „Allianzen" ist ein Fremdwort, schlage es im Wörterbuch nach. 10) „Dass" leitet immer einen Nebensatz ein. Außer am Satzanfang muss davor immer ein Komma stehen. 11) Komma vor „als", da hier ein temporaler Nebensatz beginnt, dessen finites Verb („verbot") am Ende steht. 12) Nach dem Langvokal „e" steht ein Dehnungs-h, da ein „n" auf den Vokal folgt.

2. *Hinweis: Für jede richtige Lösung wird ein Punkt vergeben. Bei mehr als vier eingekreisten Wörtern wird die ganze Aufgabe mit null Punkten gewertet.*

a) Sie wünschte der Nachbarin zum Geburtstag alles (gute.)

Hinweis: „Gute" ist hier kein Adjektiv, sondern ein Nomen. Du erkennst es, wenn du dir einen Artikel dazudenkst („das Gute") → Großschreibung.

c) Er drückte sein (bedauern) darüber aus, dass er zu spät kam.

Hinweis: „Bedauern" ist ein Nomen, das du an dem Possessivpronomen „sein" als typischem Nomenbegleiter erkennen kannst → Großschreibung.

f) An diesem Strandabschnitt ist (schwimmen) verboten.

Hinweis: „Schwimmen" ist hier ein Nomen. Denke dir den Artikel dazu: „das Schwimmen ist verboten" → Großschreibung.

g) Hier darf man nicht (Schwimmen.)

Hinweis: Hier ist „schwimmen" ein Verb. Man kann keinen Artikel davorstellen → Kleinschreibung.

3.

Satz	Frage	Fall
Die Mathearbeit war ziemlich schwer.	Wer oder was?	Nominativ
Trotzdem gab der Mathelehrer den überraschten Schülern gute Noten.	Wem?	Dativ
Patrick hatte die komplette Mathearbeit von Michelle abgeschrieben.	Wen oder was?	Akkusativ
Die Arbeitshaltung der 10 B hatte bisher immer wieder Anlass zu Kritik gegeben.	Wessen?	Genitiv
Jetzt lobten alle die Klasse wegen der guten Ergebnisse.	Wer?	Nominativ

Hinweis: Stelle immer die ganze Frage, um den Kasus zu ermitteln. Frage beispielsweise nicht nur „Wer?", sondern „Wer lobte die Klasse wegen der guten Ergebnisse?". Nur so kannst du sicher sein, den richtigen Fall zu bestimmen.

55

4.

Satz	Strategie
Der Bändel an seinem linken Schuh war aufgegangen.	C
Sein Einwand war berechtigt.	B
Die Tipps des Trainers waren sehr hilfreich.	E
Die Mannschaft war mit dem Gesamtergebnis zufrieden.	A
Das Rudern war anstrengender gewesen als am Vortag.	D

*Hinweis: **Satz 1:** „Bändel" hat den Wortursprung „Band". **Satz 2:** „Einwand": Dass am Wortende ein „d" und kein „t" steht, kannst du an der Mehrzahl „Einwände" erkennen. **Satz 3:** „Tipps": Der Vokal „i" wird kurz gesprochen, deshalb folgt ein Doppelkonsonant. **Satz 4:** „Ergebnis" schreibt man am Ende nicht mit „ss", obwohl der vorangehende Vokal „i" kurz gesprochen wird. Zerlege das Wort in seine Bestandteile: „Ergebnis" ist ein Nomen, das gebildet wird, indem man an das Verb „ergeben" die Nachsilbe „-nis" anhängt. Diese Nachsilbe schreibt man immer mit einfachem „s". **Satz 5:** „Rudern": Der Artikel „das" weist darauf hin, dass ein Nomen folgt.*

	Abschlussprüfung Deutsch an Realschulen in Hessen
	Übungsaufgabe 6

Text: Gabriele Wohmann: Denk immer an heut Nachmittag

Teil I: Lesen

1. a) ☒ später Nachmittag

    ✏ *Hinweis: Du findest die richtige Antwort in Z. 5.*

   b) ☒ am Ende des Winters

    ✏ *Hinweis: Du findest die richtige Antwort in Z. 29 f.: Es wird davon gesprochen, dass von den Bäumen „die meisten noch kahl" waren, was darauf hindeutet, dass der Winter zu Ende geht.*

   c) ☒ mit der Straßenbahn und zu Fuß

    ✏ *Hinweis: Die Bahn fährt durch „Gässchen" (Z. 5), es muss sich also um eine Straßenbahn handeln. Später gehen die beiden zu Fuß (vgl. Z. 75).*

   d) ☒ Der Vater und sein Kind fahren zum Schulheim von Laurich.

    ✏ *Hinweis: Du findest die richtige Antwort in Z. 33 f. Dass es sich dagegen nicht um einen lustigen Ausflug handeln kann, siehst du u. a. an der traurigen Stimmung des Kindes. Vater und Sohn kaufen außerdem nichts ein. Die Sportler, die im Text vorkommen, sind lediglich Kinder des Internats.*

   e) ☒ Kiefern und Ulmen

    ✏ *Hinweis: Du findest die richtige Antwort in Z. 32 und 73.*

2. ☒ B, C und F sind richtig.

    ✏ *Hinweis: Die Aussage B findest du in Z. 38–40, die Aussage C in Z. 30 f. und die Aussage F in Z. 84–88.*

3.

Äußerung	Nummer
Er bezeichnet den Nachmittag als einen lustigen Ausflug.	5 (Z. 118)
Er findet, dass die Schule einen freundlichen Eindruck macht.	4 (Z. 77)

57

Er erinnert an die hübschen Mannequins im Schaufenster.	1 (Z. 23)
Er amüsiert sich über den Jungen auf dem Fahrrad.	3 (Z. 67)
Er verheißt spannende Spiele im Wald.	2 (Z. 34–37)

4.

Textstelle (Zitat)	Zeilenangabe
„[…] Schnitzelversteck und was weiß ich, Räuberspiele […].“	Z. 36
„‚Ach du Langweiler‘, sagte der Vater.“	Z. 45
„[…] ein zukünftiger Kamerad.“	Z. 69 f.
„Du musst sonst auf sehr viel Gutes im Leben eines Mannes verzichten.“	Z. 81 f.

Hinweis: „Schnitzelversteck" und „Räuberspiele" gelten als typische Jungen-Spiele. In der Äußerung „Ach du Langweiler" weist die männliche Endung von „Langweiler" darauf hin, dass eine männliche Person angesprochen wird. Wenn der Vater seinem Kind einen „zukünftige[n] Kamerad[en]" ankündigt statt einer „Kameradin", kann man das als Hinweis darauf werten, dass sein Kind ein Junge ist. Außerdem steht dem Kind das „Leben eines Mannes" bevor.

5. *Mögliche Merkmale:*
   - direkter Einstieg: wörtliche Rede des Vaters (Z. 1–3)
   - begrenzter Zeitraum: eine halbe Stunde Fahrt (Z. 1)
   - ein bzw. wenige Handlungsorte: die Hinterplattform der Straßenbahn, der Fußweg zum Schulheim (Z. 1, 89–92)
   - Wendepunkt: Der Sohn erkennt am Ende, dass auch sein Vater Mitleid und Anteilnahme benötigt. (Z. 130–132)
   - Eine Situation aus dem Alltag wird geschildert: Ein Vater bringt seinen Sohn ins Internat.
   - offener Schluss: Es wird angedeutet, dass sich die Einstellung des Sohnes geändert hat. Welche Auswirkung das auf die Kommunikation zwischen Vater und Sohn hat, bleibt offen. (Z. 130–132)

6. a) *Mögliche Textbeispiele:*
   – Z. 18 f.: Die Fahrt auf der Hinterplattform wird als etwas Besonderes dargestellt, an das sich der Sohn später erinnern soll. „Wie im Aussichts-
   wagen. Lauter lustige Dinge […]".
   – Z. 35–37: Der Vater beschreibt bei der Fahrt durch den Wald, welche
   spannenden Spiele dort möglich sein werden. „Spiele im Wald veranstalten […] Räuberspiele, Waldlauf."
   – Z. 67–69: Lachend kommentiert er die Bemühungen des Jungen auf dem
   Fahrrad. „Der Vater lachte."
   – Z. 90–92: Er ermuntert seinen Sohn bei der Ankunft, sich zu beeilen, um
   zu sehen, wer bei dem Ballspiel gewinnt: „[…] komm, wir eilen uns ein
   bisschen, vielleicht können wir noch sehen, wer gewinnt".

   b) *Mögliche Textbeispiele:*
   – Z. 4 f.: Der Ort Gratte ist von dunklen, feuchten Gässchen durchzogen.
   – Z. 29: Beim Zurückschauen sieht der Ort wie ein „dicker dunkler Pickel
   aus".
   – Z. 83: Der Sportplatz ist von einem hohen Drahtzaun umschlossen.
   – Z. 87 f.: Der Ball, mit dem die Kinder spielen, wird als „plump und
   dunkel" bezeichnet und mit einem kranken Vogel verglichen.
   – Z. 105: Der Sohn nimmt den Abendgeruch als „faulig" und „dumpf" wahr.
   – Z. 128 ff.: Der Ball wird als „gegorene, von Würmern geschwollene
   Pflaume" bezeichnet.

7. Meiner Meinung nach passt die dritte Aussage am besten zu der Geschichte.
Das Verhalten des Jungen lässt darauf schließen, dass er sehr traurig ist. Er hat
Mühe, die Tränen zurückzuhalten (Z. 46–48: „Das Kind merkte mit einer gehei-
men Erregung, dass seine Augen jetzt schon wieder nass wurden"; Z. 95: „Von
Neuem schwoll das Nasse in seinen Augen".), er ist sehr wortkarg und reagiert
kaum auf die Bemühungen seines Vaters, alles schönzureden. Der Vater ermahnt
den Sohn immer wieder, sich an die Liebe der Mutter zu erinnern. Er spricht
von ihr in der Vergangenheit, was darauf hinweist, dass sie nicht mehr lebt.
(Z. 53–55: „Vergiss nicht, wie lieb sie dich hatte, und handle danach. Tu nur,
was sie erfreut hätte.")

*Hinweis: Es ist auch möglich, dass du eine der anderen Aussagen auswählst.
Entscheidend ist, dass du deine Wahl immer gut begründest und am Text belegst.*

Teil II: Schreiben

II.A Textproduktion (Wahlaufgabe)

a) *Hinweis: Ein Tagebucheintrag dient dazu, die eigenen Gedanken und Gefühle aufzuschreiben. Verwende einen persönlichen Schreibstil, verzichte aber auf zu viel Umgangssprache. Bei dieser Aufgabenstellung sollst du dich in die Situation des Jungen im Schulheim hineinversetzen. Da er sich selbst in der Kurzgeschichte nicht zu seinen Wahrnehmungen und Beobachtung äußert, musst du diese indirekt aus dem Text erschließen. Du kannst dafür auf die Ergebnisse der vorangegangenen Aufgaben zurückgreifen. In dem Tagebucheintrag soll außerdem deutlich werden, wie der Junge seinen Vater beurteilt. Wie er zu ihm steht, kannst du dir ausdenken. Du musst allerdings miteinbeziehen, dass der Junge am Textende beginnt, die Seite seines Vaters zu verstehen.*

Laurich, 19. Februar	Datum

Liebes Tagebuch,

	Anrede

nie hätte ich gedacht, dass es so weit kommt und ich wirklich hier landen würde. Bis zuletzt habe ich geglaubt und gehofft, dass er es sich noch anders überlegt, dass wir umkehren und wieder nach Hause fahren und alles so wird wie früher, nur eben ohne Mama. Ich wollte nicht hierher, ich finde es schrecklich und weiß, dass ich es immer schrecklich finden werde: Die vielen anderen Jungen, die langen düsteren Gänge, die Schlafsäle, der Krach, nichts ist wie zu Hause. Ich fühle mich hier fremd und einsam.

Empfindungen angesichts des Schulheimeintritts

Die ganze Fahrt lang hat Papa so getan, als wäre es was Tolles, ins Internat zu gehen, schon dahin fahren zu dürfen – dabei war es nur eiskalt auf der Plattform der Straßenbahn und mir ist schlecht geworden von dem Geschaukel. In den Schaufenstern in diesem miesen kleinen Kuhkaff Gratte waren Klamotten zu sehen, die aussahen wie aus dem Rotkreuz-Kleidersack, und der Wald, durch den wir anschließend fuhren, hatte mehr tote Bäume als lebendige. Schnitzeljagd, Waldlauf und anderes kindisches Zeug, was mir Papa voller Begeisterung in Aussicht gestellt hat, kann man dort sowieso nicht machen. Die Krönung war dann dieses bekloppte dicke Monster, das mit sabbernder Zunge versucht

Erinnerung an den vergeblichen Versuch des Vaters, ihn aufzumuntern

Wahrnehmung des Wegs ins Internat

hat, mit seinem Fahrrad die Bahn einzuholen und dem vor Anstrengung fast der Kopf explodiert wäre. Das könnte ein zukünftiger Kumpel werden, hat Papa doch tatsächlich gemeint und ernsthaft gedacht, ich freue mich darüber. Ich glaube, er kennt mich gar nicht richtig.

Das Internat selbst war auch eine Enttäuschung. Im Prospekt sah es gar nicht so übel aus, aber bei der Ankunft dachte ich nur: Knast! Alles sah aus wie eingesperrt. Auf dem Sportplatz tobte schreiend und völlig planlos eine Horde Kinder rum, die mit dem Ball umgingen, als wollten sie ihn zu Kleinholz machen. Ich wünschte mir, dieser Ball zu sein, ich könnte mich hinaufschießen lassen, immer weiter fliegen und niemals zurückkommen auf dieses modrig riechende Schulgelände. *(Wahrnehmung des Internats und dadurch ausgelöste Gefühle)*

Dass Papa mir ständig die Ohren vollgequatscht hat, ich dürfe niemals vergessen, wie es war mit Mama, wie sehr sie mich geliebt hat, was für eine tolle Familie wir waren und so weiter, hat es auch nicht gerade leichter gemacht. *(Gedanken an die Mutter)* Wie es wohl für ihn ist, dass er jetzt ohne sie klarkommen muss? Sicher vermisst er Mama genauso wie ich. Wahrscheinlich hat er deshalb die ganze Zeit so getan, als ob alles superschön wäre und er mich geradezu darum beneidet, dass ich in dieses Internat gehen „darf". Ich weiß ja, dass es ihm leidtut, dass er mich hierher bringen musste; und ich glaube, er ist auch zu bedauern und fühlt sich genauso elend wie ich. *(Beschäftigung mit den Gefühlen des Vaters)*

Also werde ich eben versuchen, das Beste aus all dem hier zu machen und durchzuhalten. Mama hätte das sicher so gewollt. *(Entschluss, das Beste aus der Situation zu machen)*

b) *Hinweis: Eine Erzählung stellt ein vergangenes Geschehen dar. Daher ist die verwendete Zeitform das Präteritum. In einem Einleitungssatz solltest du gleich zu Anfang das Thema vorstellen. Du kannst dich selbst entscheiden, ob du von einem Umzug, einem Todesfall oder einer anderen Art von Abschied erzählst. Wichtig ist, dass du deine Gefühle so darstellst, dass der Leser sie nachempfinden kann. Das gelingt dir am besten, wenn du konkrete Situationen beschreibst.*

Meine Oma   treffende Überschrift

Ich weiß noch genau, wie es war, als meine Oma starb. Ich   Einleitung:
war gerade acht Jahre alt geworden und fand es aufregend,   Darstellung der
dass sich so viele Leute zur Beerdigung versammelten. Viele   Ausgangssituation
Verwandte, die ich lange nicht gesehen hatte, kamen zu uns,   Beschreibung der
                                                              Beerdigung der
und einige waren dabei, die ich nur von Fotos und Geschich-   Großmutter
ten kannte. Auch alle Nachbarn kamen und der halbe Ort, in
dem wir mit meiner Oma im selben Haus gelebt hatten,
solange ich denken konnte: sie oben unter dem Dach, meine
Eltern und ich in den beiden Etagen darunter. Die Trauerfeier mit den Reden, der Musik, den vielen Blumen und
Kränzen war sehr beeindruckend für mich. Dabei dachte ich
die ganze Zeit, dass meine Oma das doch auch schön finden
müsste, denn sie liebte ihren Garten, die Obstbäume und
Blumen und hatte es auch gern, wenn viele Menschen um
sie waren.

Dass meine Oma nicht mehr wiederkommen würde, habe ich   Hauptteil:
da noch gar nicht richtig begriffen. Sie war immer da gewe- Beschreibung der
sen, hatte auf mich aufgepasst, mich vom Kindergarten und   Großmutter
von der Schule abgeholt und mir mein Lieblingsessen ge-
kocht. Nie wurde sie ungeduldig, wenn ich mir die Schuhe
nicht schnell genug anzog, nie schimpfte sie, wenn ich meinen Teller nicht leer essen wollte, nie war es ihr zu viel, mir
vor dem Einschlafen noch eine Geschichte zu erzählen. Und
ihre Geschichten hatten es in sich! Sie hatte auf ihren
zahlreichen Reisen viele Abenteuer erlebt, aus denen sie die
spannendsten Erzählungen zusammenbastelte.

Als die Beerdigung vorbei war und der Alltag wieder ein-   Wahrnehmung des
kehrte, dämmerte mir langsam, was der Tod wirklich bedeu-   Verlustes
tete. Der Verlust meiner Großmutter war wie eine große
Wunde, die ständig schmerzte und lange nicht verheilen

wollte. Ich vermisste ihre Fröhlichkeit, ihren Geruch nach Äpfeln und frischer Erde, das unverwechselbare Geräusch ihrer Schuhe im Treppenhaus, die altmodischen Möbel in ihrer kleinen Wohnung im Dachgeschoss, die Schlagermusik von ihrem Plattenspieler, die Blümchenbettwäsche, in der ich auf ihrem Sofa übernachtete, wenn meine Eltern abends lange wegblieben. Anfangs kam es vor, dass ich nach der Schule die Treppe zu ihrer Wohnung hochrannte, um ihr etwas Wichtiges vom Vormittag zu erzählen. Und dann merkte ich erst, wenn ich vor der braun getäfelten Holztür stand, dass dahinter niemand mehr wohnte, der mich in die Arme nehmen, mich trösten, sich mit mir freuen konnte.

vermisste Eigenschaften der Großmutter; schmerzliche Erinnerungen

Heute tut die Erinnerung daran nicht mehr so weh, aber ich weiß trotzdem, dass die Zeit, die ich mit und bei meiner Oma verbringen durfte, die kostbarste meines Lebens war. Und manchmal genügt ein bestimmter Geruch nach Gras und Gartenerde, der Anblick eines altmodischen Schränkchens aus dunkelbraunem Holz oder ein geträllerter Schlager aus der Zeit, als meine Oma jung war, um diese Erinnerung wieder wach werden zu lassen.

Schluss:
Wertschätzung der gemeinsamen Zeit

Erinnerungsanlässe

II.B Sprachliche Richtigkeit

1. **Richtungsweisende Nase**

Haie besitzen einen ausgeprägten ~~Geruchsinn~~ **Geruchssinn**[1] und orten zielsicher ihre nächste Mahlzeit. Wie es die Knorpelfische ~~schafen~~ **schaffen**[2], so genau auf ihre ~~Bäute~~ **Beute**[3] ~~zu zu steuern~~ **zuzusteuern**[4], haben Jayne Gardiner und ihre Kollegen von der University of South Florida in Tampa nun bei acht Exemplaren des Glatthais Mustelus canis in einem Experiment festgestellt. Dafür wurde jeweils ein hungriger Hai in einem Becken ~~aus gesetzt,~~ **ausgesetzt**[5] (**überflüssiges Komma**)[6] und mit Geruchsimpulsen aus Düsen konfrontiert. Beobachtet wurden die Versuche mit einer Kamera über dem Becken. So konnten die Wissenschaftler beobachten, wie schnell der Hai auf die Stimulanz reagierte**,** (**fehlendes Komma**)[7] indem er sich der jeweiligen Düse ~~zuwante~~ **zuwandte**[8]. Dabei wurde auch der genaue Winkel registriert, in dem die ~~Geruchsfane~~ **Geruchsfahne**[9] den Hai erreichte. Es stellte sich heraus, ~~das~~ **dass**[10] die Haie kleine ~~Unterschide~~ **Unterschiede**[11] in der Zeitspanne erkennen, in der ein Beutegeruch ihre beiden auseinanderliegenden Nasenlöcher erreicht. Erreichen die Geruchsmoleküle zuerst das linke Nasenloch, (**fehlendes Komma**)[12] wendet sich der Hai nach links. […]

Quelle: ddp

🖋 *Hinweis: 1) Wenn du ein zusammengesetztes Wort durch einen Ausdruck ersetzen kannst, der einen Genitiv beinhaltet, dann enthält das zusammengesetzte Wort oft ein Fugen-s: Sinn <u>des</u> Geruchs → Geruch<u>s</u>sinn. 2) Das „a" in „schaffen" wird kurz gesprochen. Damit dies im Schriftbild erkennbar ist, muss ihm ein Doppelkonsonant folgen. 3) Das Nomen „Beute" lässt sich auf kein Wort zurückführen, das man mit „au" schreibt, daher schreibt man es mit „e". 4) Die Grundform des Verbs heißt „zusteuern", daher wird auch die Infinitivform zusammengeschrieben. 5) Die Grundform des Verbs heißt „aussetzen", daher muss man auch die Partizipform zusammenschreiben. 6) Das „und" verbindet hier gleichrangige Wortgruppen, die beide vom Hilfsverb „wurde" abhängen, daher steht kein Komma. 7) „wie schnell der Hai auf die Stimulanz reagierte" ist ein Nebensatz, auf den ein weiterer Nebensatz folgt, der mit der Konjunktion „indem" eingeleitet wird. Das Komma trennt die beiden Nebensätze. 8) Suche nach der Infinitivform des Verbs. Sie heißt zuwenden. Hier siehst du, dass ein „d" enthalten ist. 9) Das „a" in „Fahne" wird lang gesprochen, was durch das Dehnungs-h markiert wird. 10) „dass" ist hier Konjunktion und kein Artikel (der Artikel ist „die") oder Relativpronomen (es lässt sich nicht durch „welches" ersetzen). 11) Das „i" ist lang gesprochen → „ie"; 12) Dass es sich hier* *um einen konditionalen Nebensatz handelt, der vom Hauptsatz mit einem Komma abgetrennt werden muss, erkennst du, wenn du den Satz um eine Konjunktion erweiterst: „Wenn die Geruchsmoleküle zuerst das linke Nasenloch erreichen, [...]."*

2.

Aktiv	Passiv
Die 10 B schreibt die Deutschprüfung.	Die Deutschprüfung wird von der 10 B geschrieben.
Nina meisterte das Vorstellungsgespräch mit Bravour.	Das Vorstellungsgespräch wurde von Nina mit Bravour gemeistert.
Jamie hat einen Spickzettel auf der Jungentoilette versteckt.	Ein Spickzettel ist von Jamie auf der Jungentoilette versteckt worden.
Am Ende des Schuljahres werden die Abgänger ein rauschendes Fest feiern.	Am Ende des Schuljahres wird von den Abgängern ein rauschendes Fest gefeiert werden.

Hinweis: Bei der Umformung vom Aktiv zum Passiv wird das Objekt (Satz 2: das Vorstellungsgespräch, Satz 4: ein rauschendes Fest) zum Subjekt. Bei der Umwandlung vom Passiv ins Aktiv wird das Subjekt zum Objekt (Satz 1: die Deutschprüfung, Satz 3: ein Spickzettel). Achte immer darauf, die Zeitform beizubehalten: Satz 1: Präsens, Satz 2: Präteritum, Satz 3: Perfekt, Satz 4: Futur I.

3.

Satz	Begründung
Der Schüler, dessen Handy während des Unterrichts geklingelt hat, muss zur Strafe einen Kuchen mitbringen.	A
Der Kuchen, eine besonders gut gelungene Apfeltorte, löst in der Klasse Begeisterung aus.	C
Alle wollen das Rezept haben, vor allem die Mädchen.	C
Weil der Kuchen von seiner Mutter gebacken wurde, kann der Schüler zu dem Rezept nichts sagen.	B
Jetzt fragen sich alle in der Klasse, ob diese Art der Strafe überhaupt sinnvoll ist.	B/D

✦ Hinweis: Satz 1: Du erkennst den eingeschobenen Relativsatz an dem Relativpronomen „dessen", das sich auf das Subjekt „der Schüler" bezieht. Satz 2: „eine besonders gut gelungene Apfeltorte" ist eine nachgestellte Erläuterung, die das Subjekt „der Kuchen" näher beschreibt. Dass es sich um einen Einschub handelt und nicht um einen Nebensatz, erkennst du am fehlenden Verb. Satz 3: „vor allem die Mädchen" ist eine nachgestellte Erläuterung zu „alle". Satz 4: „Weil" ist eine kausale (begründende) Konjunktion, die immer einen Nebensatz einleitet. Satz 5: Dass es sich hier um einen indirekten Fragesatz handelt, erkennst du an der Konjunktion „ob".

4.

Satz	Strategie
Melli, Laura und Josefine wollten für das Frühlingsfest Blumenkränze binden.	A
Sie pflückten Wiesenblumen und kürzten die Blütenstängel auf die gleiche Länge.	B
Dann banden sie die Blumen mit Draht auf einen Ring aus biegsamem Weidenholz.	D
Bei Einbruch der Dunkelheit wurde das Frühlingsfeuer angezündet.	E
Die Mädchen schmückten sich mit den Kränzen und tanzten um das Feuer.	B/C

✦ Hinweis: Satz 1: „Frühling" gehört zu denjenigen Wörtern, bei denen auf den lang gesprochenen Vokal ein Dehnungs-h folgt. Die richtige Begründung für die Schreibweise ist also, dass du auf die Vokallänge achtest. Satz 2: Wortursprung: Stange → Stängel; Satz 3: Wenn du die Verlängerungsprobe machst (Draht → Drähte), hörst du, dass es sich in der Mitte des Wortes um ein stimmloses „t" handelt. Daher muss das Wort auch in der Einzahl am Schluss mit „t" und nicht mit „d" geschrieben werden. Satz 4: „-heit" ist eine typische Nachsilbe bei Nomen (vgl. z. B. Frechheit, Mehrheit, Verlegenheit etc.). Satz 5: Wortursprung/Grundform: Kranz → Kränze

66

| Abschlussprüfung Deutsch an Realschulen in Hessen 2012 |
| Text 1 |

Teil I: Lesen

1. a) ☒ „Soll ich allen Kuchen auf den Kuchenteller legen?"

    ✎ *Hinweis: Bei dieser Frage geht es um die wörtliche Wiedergabe der kurzen Unterhaltung, die zu Beginn der Geschichte zwischen Vater und Sohn stattgefunden hat. In der ersten Zeile wird deutlich, dass der Vater von einem „Kuchenteller" gesprochen hat. In den Zeilen drei und vier wird die Nachfrage des Sohnes indirekt wiedergegeben, „[...] ob er <u>allen</u> Kuchen auf den Teller legen solle", was der Vater bestätigt. Die direkte Frage des Sohnes müsste also lauten: „Soll ich <u>allen</u> Kuchen auf den <u>Kuchenteller</u> legen?"*

    b) ☒ 10 Jahre

    ✎ *Hinweis: vgl. Z. 7*

    c) ☒ Kartoffelkuchen

    ✎ *Hinweis: z. B. Z. 11*

    d) ☒ Er ärgert sich darüber, dass sein Sohn den Kuchen gestapelt hat.

    ✎ *Hinweis: Wichtig ist, dass du in der Aufgabenstellung das Wort „zuerst" beachtest. Als der Vater die Küche betritt, ärgert er sich als Erstes darüber, dass sein Sohn den Kuchen zu einem Turm gestapelt hat (vgl. Z. 14–19). Erst später ärgert er sich auch darüber, dass der Sohn den Kuchen in Stücke geschnitten hat (vgl. Z. 43–45).*

    e) ☒ Vater und drei Gäste

    ✎ *Hinweis: Von der Mutter ist im Text nicht die Rede. Der Vater diskutiert mit drei Gästen (Z. 53: „[...] sagte der dritte, [...]").*

    f) ☒ Er hat ein Gefühl für Balance.

    ✎ *Hinweis: vgl. Z. 39*

    Jede richtige Antwort ergibt einen Punkt. Sind mehrere Möglichkeiten angekreuzt, wird kein Punkt vergeben.

D 2012-1

2. a) ☒ Der Vater schreit.

✎ **Hinweis:** *Der Vater ärgert sich sehr über das Verhalten seines Sohnes. Die Formulierung „Ich sparte nicht mit Stimme" ist eine ironische Umschreibung der Lautstärke, mit der er seiner Verärgerung Ausdruck verleiht. In Bezug auf Geld bedeutet „nicht sparen", dass man es großzügig ausgibt. Übertragen auf die Stimme des Vaters bedeutet der Ausdruck also, dass dieser seine Stimme großzügig ausgibt, d. h., er schreit.*

b) ☒ Richtige Soldaten stellen Befehle nicht in Frage, geniale führen unsinnige Befehle so aus, dass dadurch ihre Sinnlosigkeit deutlich wird.

✎ **Hinweis:** *Lies dir zunächst die Zeilen 58–61 Wort für Wort durch. Im Anschluss liest du jede Antwortmöglichkeit sehr genau. Achte auch hier auf jedes einzelne Wort. Es ist nur die Antwort richtig, bei der alle Teile des Satzes dem Textabschnitt sinngemäß entsprechen. Es heißt im Text, dass der Sohn „ein richtiger Soldat" werden würde, „weil er auch den idiotischsten Befehl ausführt". D. h., er stellt Befehle nicht infrage. Weiter heißt es, er würde ein „genialer Soldat" werden, weil er die Befehle so ausführt, „dass das Idiotische des Befehls augenfällig wird". D. h., er führt sie so aus, dass man sieht, was an den Befehlen idiotisch oder anders gesagt sinnlos ist. Indem der Sohn die unbedachte Anweisung des Vaters wortgetreu ausführt, wird die Sinnlosigkeit des Befehls deutlich.*

Jede richtige Antwort ergibt zwei Punkte. Sind mehrere Möglichkeiten angekreuzt, wird kein Punkt vergeben.

3.

Sätze	Nummerierung
Der Vater schimpft mit dem Sohn.	2
Der Sohn hilft bei der Vorbereitung der Feier.	1
Die Gäste reagieren auf den Ärger des Vaters.	3
Der Vater überdenkt seine Haltung.	6
Der Vater entdeckt, dass der Kuchen in sehr kleine Stücke geteilt wurde.	4
Der Vater wünscht sich, dass der Sohn die Kommentare der Gäste nicht verstanden hat.	5

✎ **Hinweis:** *Für jede richtige Nummerierung wird ein halber Punkt vergeben.*

D 2012-2

4.

Zitat	Sprachliches Mittel
„Vielleicht wird aus ihm sogar ein Dichter, wer weiß." (Z. 50 f.)	Ü/E
„Soldat? Wieso Soldat?" (Z. 54)	E
„Ein Mensch wie er kann zum Segen der Truppe werden." (Z. 61 f.)	V/Ü
„…, weil er es dann mit Vorgesetzten wie seinem Vater zu tun haben könnte." (Z. 68 f.)	V

Hinweis: E Ellipse: Damit ist ein grammatikalisch unvollständiger Satz gemeint, der trotz des Fehlens eines Satzteils für den Leser verständlich ist. In Zeile 2 fehlen Subjekt und Verb. Der korrekte Satz könnte lauten: „Wieso soll er Soldat werden?"In der ersten Zeile kann man ebenfalls von einer Ellipse sprechen, da der Satz vollständig eigentlich „wer weiß das schon" lauten müsste.
Ü Übertreibung: Wenn ein Ausdruck oder eine Aussage durch Vergrößerung so übersteigert wird, dass sie, wörtlich genommen, nicht mehr zutreffen können, spricht man von Übertreibung. In dem Satz in Zeile 1 („Vielleicht wird aus ihm sogar ein Dichter") ist es übertrieben, anzunehmen, dass der Junge, nur weil es ihm gelingt, den Kartoffelkuchen kunstvoll zu stapeln, ebenso kunstvoll Gedichte schreiben könnte. Im dritten Satz ist es übertrieben, aus dem Verhalten des Sohnes gegenüber seinem Vater zu schließen, dass er einmal ein genialer Soldat werden würde.
V Vergleich: Vergleiche erkennt man meist an den Verbindungswörtern „wie" und „als ob", durch die eine gemeinsame Beziehung zwischen zwei Bereichen hergestellt wird. Hier: Ein Mensch wie er; mit Vorgesetzten wie seinem Vater.
Für jede richtige Antwort gibt es einen Punkt. In der vorletzten Zeile wird jede der beiden Lösungsmöglichkeiten akzeptiert.

5. Es liegt eine personale Erzählperspektive vor.
oder:
Es liegt eine Ich-Erzählperspektive vor.

Hinweis: Die Frage nach der Perspektive ist die Frage nach dem Standort des Erzählers der Geschichte. Sein Wissen über die Figuren und die Sprachform geben Aufschluss darüber, um welche Erzählperspektive es sich jeweils handelt. Es ist nicht immer ganz leicht, die Erzählperspektive eines Textes eindeutig zu ermitteln. Am besten nähert man sich der Lösung dieser Aufgabe mit der Frage: In welchem Verhältnis steht der Erzähler (nicht der Autor!) selbst zu der Geschichte? Die Geschichte hier ist durchgängig aus der Sicht des Vaters erzählt. Schon in den ersten Sätzen wird durch die Verwendung des Personalpronomens „Ich" (Z. 1: „Ich gebe zu [...]"; Z. 4: „Und ich stelle nicht in Abrede [...]") deutlich, dass es sich um eine personale Erzählperspektive handelt, zu der man auch die Ich-Perspektive zählen kann.

Du darfst nur eine Antwort ankreuzen, sonst gibt es keinen Punkt, auch wenn du unter anderem die richtige Lösung angekreuzt hast.

6. *✎ Hinweis: Für die volle Punktzahl müssen in deiner Antwort drei Aspekte erkennbar sein: die Rolle des Vaters, ein Konflikt zwischen Vater und Sohn, ein Bezug zu dem zitierten Satz. Es sind verschiedene Antworten möglich.*

   – Der Vater ist wie ein Polizist, er kontrolliert den Sohn, obwohl dieser schon zehn Jahre alt ist.
   – Der Vater vertraut dem Sohn nicht. Er scheint davon auszugehen, dass sich der Sohn vor dem Händewaschen drücken würde, wenn er ihn nicht überwacht.
   – Der Vater traut dem Sohn nichts zu, er überwacht selbst so alltägliche Handlungen wie das Händewaschen.

7. *✎ Hinweis: Besonders aus satirischen Texten kennst du Ironie, rhetorische Fragen und Übertreibungen, mit denen Erzähler ihre Geschichten auf humorvolle Weise würzen. Auch die vorliegende Erzählung enthält an einigen Stellen solche sprachlichen Mittel. Für jede genannte Textstelle und das passende sprachliche Mittel werden zwei Punkte vergeben. Du musst aber nicht drei verschiedene Mittel nennen, um die volle Punktzahl zu erreichen.*

   – Rhetorische Frage (Z. 6–9): „Kann man denn aber [...]?"
   – Übertreibung (Z. 17–19): „[...] hatte er einen Kartoffelkuchenturm errichtet, neben dem der schiefe Turm zu Pisa senkrecht gewirkt hätte."
   – Ironie/Übertreibung (Z. 44 f.): „[...] als wären wir zahnlose Greise."
   – Ironie (Z. 45 f.): „Mein Freund sah die größeren Zusammenhänge."
   – Ironie/Selbstironie (Z. 68 f.): „[...] weil es dann mit Vorgesetzten wie seinem Vater zu tun haben könnte."

8. *Hinweis: Für eine nachvollziehbare Begründung erhältst du zwei Punkte, zwei weitere, wenn du deine Aussage mit einer Textstelle einschließlich der Zeilenangabe belegst.*

Dass der Sohn die Äußerungen der Gäste versteht, erkennt man an Zeile 64 f.: Der Sohn „hockte [...] sich **jedoch** zu Füßen seiner Schwester" und bittet sie um ihre Meinung zu den genannten Berufen. Außerdem Zeile 67–69: „Soldat zu werden, zog er nicht in Betracht, weil er es dann mit Vorgesetzten wie seinem Vater zu tun haben könnte." Das heißt, das Gespräch der Erwachsenen hat den Sohn veranlasst, über das Verhältnis zu seinem Vater nachzudenken.

9. *Hinweis: Bei dieser Aufgabe gibt es keine richtige oder falsche Antwort. Vielmehr wird erwartet, dass du deine Entscheidung für einen der Standpunkte durch Argumente, Vermutungen oder eigene Erfahrungen begründest. Für eine Auswahl ohne Begründung gibt es keine Punkte.*

Lösungsvorschlag 1:
Meiner Meinung nach trifft die erste Aussage zu. Möglicherweise hat der Vater im Nachhinein in den spöttischen Kommentaren seiner Gäste einige zutreffende Einschätzungen erkannt, was die Talente seines Sohnes angeht. Auch wenn die Berufsempfehlungen ironisch gemeint waren, zeigte der Junge mit dem Zerteilen und Aufstapeln der Kuchenstücke auf einem viel zu kleinen Teller doch planerisches Geschick, Entschlusskraft, Geduld, Sorgfalt und Augenmaß. All das sind Fähigkeiten, die darauf hindeuten, dass der Vater seinen Sohn bislang unterschätzt hat. Möglicherweise erkennt er auch, dass der Junge seine Anweisung absichtlich missverstanden hat, um mit der wörtlichen Ausführung des Befehls Kritik an seinem übermäßigen Kontrollwahn zu üben.

Lösungsvorschlag 2:
Ich bin der Auffassung, dass die zweite Aussage am ehesten zutrifft. Die Äußerung des Vaters, dass er hoffe, „der Sohn würde das meiste nicht verstanden haben" (Z. 63 f.), lässt darauf schließen, dass ihm die Kommentare seiner Gäste unangenehm waren. Mit ihren ironischen Berufsvorschlägen auf die Frage des Vaters, was aus dem Zehnjährigen werden solle, haben die Freunde seine vollkommen überzogene und humorlose Reaktion auf das Verhalten des Sohnes, das er selber verursacht hat, verspottet. Da er damit selber zum Zielpunkt der Kritik wurde, wird er seine Kinder in Zukunft in Anwesenheit anderer nicht mehr bloßstellen.

Lösungsvorschlag 3:
Ich verstehe die Erzählung als Selbstkritik des Mannes. Deutlich wird das am Ende der Geschichte, als er sagt: „Soldat zu werden, zog er nicht in Betracht, weil er es dann mit Vorgesetzten wie seinem Vater zu tun haben könnte." (Z. 67–69) Der Vater erkennt, dass er selbst schuld ist am Verhalten seines Sohnes. Er hat die Anweisung, allen Kuchen auf den Teller zu legen, ausdrücklich wiederholt und sich anschließend darüber aufgeregt, dass der Sohn den Befehl mit viel Mühe und Sorgfalt wortgetreu ausgeführt hat. Zusätzlich beschämt wird der Vater durch den Kommentar des dritten Freundes, der den Sohn als „genial" (Z. 52, 59) bezeichnet, weil er durch die übertriebene Gehorsamkeit die Anordnung des Vaters als „idiotisch" (Z. 59 f.) entlarvt.

Teil II: Schreiben

II.A: Textproduktion (Wahlaufgabe)

Hinweis: Wenn du dir die Punkteverteilung in den Prüfungsaufgaben anschaust, wirst du feststellen, dass die Textproduktion ein ansehnliches Gewicht bei der Gesamtpunktzahl hat. Hier kannst du also einiges ausgleichen, wenn du in den anderen Bereichen nicht alles gewusst hast. Auf den Aufbau, den Inhalt und formale Aspekte deiner Erzählung bzw. deiner Argumentation wird am meisten Wert gelegt. Die sprachliche Ausgestaltung kann bis zu zwölf Punkte bringen; wie in jeder Deutscharbeit solltest du daher insbesondere Wiederholungen in Satzbau und Wortwahl vermeiden. Fehler in der Rechtschreibung und Grammatik werden als ganze Fehler, die in der Zeichensetzung als halbe Fehler gewertet. Die Gesamtzahl der Fehler wird auf die Wörterzahl deines Aufsatzes bezogen und als Fehlerindex mit maximal vier Punkten in Abzug gebracht.

a) *Hinweis: Aufbau/Inhalt/formale Aspekte: Zu Beginn, in der <u>Einleitung</u> deiner Erzählung, solltest du die Ausgangssituation, den Handlungsort und die Figuren nennen. Im <u>Hauptteil</u> schilderst du das Geschehen, das sich in der Küche abspielt, die lautstarke Reaktion des Vaters und die Kommentare der Gäste. Im <u>Schlussteil</u> könnte der Sohn ein Fazit formulieren, das er aus dem Geschehen zieht. Wichtig dabei ist, dass man in deinem Text den Wechsel der Perspektive erkennen kann, das heißt, du musst durchgängig als Ich-Erzähler aus der Sicht des Sohnes schreiben. Auch wenn der Junge einzelne Elemente des Geschehens anders wahrnimmt als der Vater, darfst du die Handlung nicht verändern, sie muss als „roter Faden" in deinem Text erkennbar sein.*

Sprachangemessenheit: Bei einer Erzählung ist es besonders wichtig, dass du sie durch die Verwendung direkter und indirekter Rede sowie verschiedener sprachlicher Mittel (anschauliche Adjektive, treffende Verben, ungewöhnliche Vergleiche) lebendig gestaltest. Verwende die Zeitformen der Vergangenheit, da der Sohn das Geschehen aus der Rückschau erzählt. Es ist nichts dagegen einzuwenden, wenn du dich bei deinem Text stilistisch an die Vorlage hältst, es wird aber nicht zwingend erwartet und hat keinen Einfluss auf die Punktzahl.

Meine glänzende Zukunft
treffende Überschrift

Was für eine Aufregung! Ich gebe zu, dass mir von Anfang an klar war, dass der Kuchen von den Maßen eines halben Fußballplatzes nicht auf den Puppenteller passen konnte, aber schließlich hat Pa auf meine Nachfrage ausdrücklich wiederholt: „Ja, allen Kuchen." Und weil er immer so oberschlau tut, alles ganz genau im Blick hat und sich angeblich niemals irrt, habe ich mir halt gedacht: „Na gut, wenn du es so willst …".
Einleitung:
einführender
Kommentar des
Ich-Erzählers

Aber von Anfang an: Einmal im Jahr, wenn der Bäcker blecheweise frischen Kartoffelkuchen liefert, ist bei uns Old-Boys-Party angesagt: Pa lädt seine besten Freunde aus alten Tagen ein, alle stopfen sich den Ranzen voll mit ofenwarmem Gebäck und klugscheißern dazu, dass einem die Ohren verkleben. Bis es so weit ist, muss die ganze Familie ran: Getränke besorgen, aufräumen, sauber machen.
Darstellung der Ausgangssituation

Weil ich dank der unermüdlichen Kontrolle durch meinen Vater ein ordentliches Kind bin, lag von mir, anders als von anderen Mitgliedern der Familie, auch an diesem Tag keinerlei Krimskrams in der Wohnung verstreut, sodass der folgenreiche Befehl mich traf: „Leg den Kuchen auf den Kuchenteller." Ich wollte meinen strengen Vater nicht verärgern und mich vergewissern, dass ich die Anweisung richtig verstanden hatte, aber schon die Nachfrage hat ihn offenbar so irritiert, dass er nur zurückblaffte: „Ja, allen Kuchen." Dann überwachte er, dass ich mir auch sorgfältig die Hände wusch – lächerlich, ich bin schließlich kein kleines Kind mehr –, und ließ mich mit seinem Big-Valley-Kuchenfeld in der Küche allein, weil die Gäste bereits im Anmarsch waren.
Hauptteil:

Anlass des
Geschehens:
Anweisung des Vaters

Ich überlegte, wie ich den gesamten Kuchen vom Blech auf den Teller umschichten könnte. Es mussten kleine Stücke sein, das war klar, damit man sie wie Legosteine versetzt und im Kreis stapeln konnte. Der Plan gelang, es entstand ein wunderbarer Rundturm bis fast an die Küchendecke. Er wurde nur ein wenig schief, weil der Kartoffelbelag eine ungleiche Oberfläche auf den Kuchenstücken bildete.

Ausführung des Befehls

Ich war einigermaßen stolz auf mein Werk und schon fast fertig, als mich aus Richtung Küchentür ein ohrenzerfetzendes Brüllen aus meiner konzentrierten Bautätigkeit aufschreckte. Ob ich denn nicht sehe, dass der Kuchenteller zu klein sei. Ich stellte mich doof, umrundete Teller und Turm, betrachtete meine architektonische Meisterleistung von allen Seiten und entgegnete mit gespielter Arglosigkeit: „Wieso? Passt doch prima!" Das war ein Fehler, denn nun verlor mein Erzeuger endgültig die Fassung und polterte los, dass aus einem Menschen wie mir nichts Brauchbares werden könnte und so weiter.

Reaktion des Vaters

Die Schimpfkanonade lockte natürlich seine Kumpels auf den Plan, die plötzlich alle in die Küche drängten, meinen Turmbau betrachteten und angesichts des kunstfertigen Bauwerks die lustigsten Berufsvorschläge für mich parat hielten.

Kommentare der Gäste

Ich muss zugeben, dass mir manche dieser Empfehlungen ganz gut gefielen, auch wenn ich die mitgelieferten Begründungen dazu nicht richtig kapiert habe. Ich beschloss, meine große Schwester Lilli zu fragen, ob ich ihrer Meinung nach eher zum Clown, zum Maurer oder zum Dichter taugen würde. Den letzten Vorschlag, nämlich Soldat zu werden, habe ich gleich ausgeschlossen, denn dann könnte ich ja gleich zu Hause bleiben.

Schluss: *Fazit des Ich-Erzählers*

b) ✏ *Hinweis: Die Arbeitsanweisung „Argumentiere" macht deutlich, was bei dieser Aufgabe von dir erwartet wird. Wie bei einer Erörterung sollst du die Pro- und Kontra-Argumente zur Fragestellung einander gegenüberstellen und mit einer begründeten eigenen Meinung schließen.* **Aufbau/Inhalt/formale Aspekte:** *In der Einleitung greifst du die Fragestellung auf. Du kannst auch mit einem szenischen Einstieg beginnen oder beides verbinden. Anschließend führst du im Hauptteil deine Pro- und Kontra-Argumente aus und illustrierst sie mit Beispielen. Dabei kannst du dich auch auf eigene Erfahrungen stützen. Am anschaulichsten wird deine Argumentation, wenn du reale Situationen beschreibst und die Folgen skizzierst: Was passiert, wenn Kritik ausbleibt und das unfaire Verhalten weiterbesteht? Wird auf der anderen Seite durch Kritik vor der ganzen Klasse und der Lehrkraft die Freundschaft gefährdet? Im Schlussteil begründest du deinen eigenen Standpunkt, indem du das deiner Meinung nach stärkste Argument noch einmal aufgreifst. Du kannst aber auch mit einem vermittelnden Lösungsvorschlag, der beide Standpunkte vereint, deine Arbeit abschließen.* **Sprachangemessenheit:** *In einer Pro-Kontra-Diskussion ist das Tempus zumeist das Präsens. Berichtest du von eigenen Erlebnissen, sind die Formen der Vergangenheit zu verwenden.*

Montagmorgen, 2. Stunde, Mathematikunterricht in der 10 B. Der junge Referendar bittet Jana, an die Tafel zu kommen und ihren Lösungsweg für die erste Aufgabe vorzustellen. Jana schluckt, das Matheheft hat sie nur zur Tarnung aufgeschlagen vor sich liegen. Bevor sie sich erklären kann, murmelt Fabian halblaut: „Volltreffer." Der Lehrer wendet sich ihm zu. „Was meinst du?", fragt er. Fabian grinst breit: „Sie sollten Jana nicht nach Matheaufgaben fragen. Ihre Fähigkeiten liegen eher auf anderen Gebieten." Einige in der Klasse fangen an zu kichern, der Referendar schaut bestürzt, Jana wird rot und möchte am liebsten in den Boden versinken. Ihre Freundinnen stehen ihr sofort zur Seite. Schimpfwörter und Beleidigungen prasseln auf Fabian ein, und auch sein bester Freund Jakob sagt ihm die Meinung: „Das war ja wohl voll daneben!" Fabian weiß nicht, wie ihm geschieht. „War doch nur Spaß!", versucht er sich zu verteidigen. Doch Jakob legt nach: „Ja klar, Hauptsache du hast deinen Spaß, wenn du andere niedermachst. Schalte in Zukunft mal dein Gehirn ein, bevor du solche verbalen Tiefschläge verteilst.

Einleitung:
szenischer Einstieg

Fabian ist empört. Dass ausgerechnet Jakob ihn vor der ganzen Klasse an den Pranger stellt, versetzt ihm einen tiefen Stich. Schließlich war das wirklich nicht ernst gemeint, was er zu Jana gesagt hat, die kennen ihn doch, die anderen …

Hätte Jakob sich besser zurückhalten und seinem Mitschüler später, vielleicht in der Pause, die Meinung sagen können, um die Freundschaft nicht zu gefährden? *(Fragestellung)*

Einerseits war es richtig, Fabian auf sein Fehlverhalten hinzuweisen. Zu einer guten Freundschaft gehört es auch, berechtigte Kritik zu üben und sie im Gegenzug auszuhalten. Selbst wenn Hänseleien unter Schülern an der Tagesordnung sind, hat Fabian mit seiner anzüglichen Bemerkung Jana vor der Klasse und dem Lehrer bloßgestellt und sie persönlich verletzt. Wie sie sich dabei gefühlt haben mochte, hat Jakob durch seine unmittelbare Kritik seinem Mitschüler gegenüber deutlich gemacht. Fabian wird es sich in Zukunft überlegen, wo und auf wessen Kosten er seine Witze macht. *(Hauptteil: Kontra-Argument: Kritik ist Bestandteil einer Freundschaft)*

Andererseits hat Jakob durch die heftigen Worte möglicherweise seine Freundschaft mit Fabian aufs Spiel gesetzt. Er müsste ihn gut genug kennen, um die grobe Bemerkung als das einzuschätzen, was sie war: zwar unüberlegt, aber nicht absichtsvoll verletzend. Jakobs deutliche Kritik vor der ganzen Klasse und dem Lehrer muss für Fabian bedeuten, dass es mit Jakobs Loyalität ihm gegenüber nicht so weit her sein kann. *(Pro-Argument: öffentliche Kritik gefährdet Freundschaft)*

Natürlich darf man so eine Äußerung wie die von Fabian nicht verharmlosen, doch ich denke, dass es besser gewesen wäre, wenn Jakob seinem Freund nicht vor der ganzen Klasse die Leviten gelesen hätte. Mit seiner Kritik hat Jakob ihn vor aller Augen blamiert und damit ihre langjährige Freundschaft infrage gestellt. Jetzt ist es Fabian kaum noch möglich, sich direkt nach dem Vorfall bei Jana zu entschuldigen. *(Schluss: persönliche Stellungnahme)*

Meiner Meinung nach hätte sich Jakob in der aufgeheizten Stimmung in der Klasse zurückhalten und mit Fabian später ohne Zeugen über dessen Fehlverhalten sprechen sollen. Eine Freundschaft ist zu wertvoll, als dass man sie wegen einer unbedachten Bemerkung und einer unsachlichen Kritik aufs Spiel setzen sollte. *(vermittelnder Lösungsvorschlag)*

| Abschlussprüfung Deutsch an Realschulen in Hessen 2012 |
| Text 2 |

Teil I: Lesen

1. a) ☒ 2–3 Tage

   ✒ *Hinweis: vgl. Z. 29 f.*

   b) ☒ Natriummangel

   ✒ *Hinweis: vgl. Z. 81 f.*

   c) ☒ Sie bekommen Hyponatriämie, weil sie zu viel trinken.

   ✒ *Hinweis: vgl. Z. 99–101*

   d) ☒ die Getränkeindustrie

   ✒ *Hinweis: vgl. Z. 19 f., Z. 125–129*

   e) ☒ Viel trinken hilft Gesunden und Kranken.

   ✒ *Hinweis: vgl. Z. 35–41*

2. a) ☒ eine Anpreisung

   ✒ *Hinweis: Das Hohelied ist ein Text aus dem Alten Testament, in dem die Schönheit einer Frau angepriesen wird. In der vorliegenden Reportage spielt die Autorin mit dieser Formulierung ironisch auf die werbewirksamen Verkaufsstrategien der Getränkeindustrie an.*

   b) ☒ Menschen, die sich für gesundheitsbewusst halten

   ✒ *Hinweis: Auch hier handelt es sich um eine ironische Anspielung. Die Autorin macht sich darüber lustig, dass man immer mehr Menschen begegnet, die eine Wasserflasche stets griffbereit mit sich führen („Wasserträger") und damit zeigen, dass sie um ihr Wohl, d. h. ihre Gesundheit, besorgt sind.*

   c) ☒ Die Behauptung ist unsicher.

   ✒ *Hinweis: Da Ton ein leicht zerbrechlicher Werkstoff ist, bedeutet die Formulierung „auf tönernen Füßen stehen" im übertragenen Sinne, dass die Begründung für eine Behauptung sehr zweifelhaft ist.*

D 2012-11

3. genetische Veranlagung/Disposition; Außentemperatur; körperliche Aktivität; medizinische Gründe (z. B. zu therapeutischen Zwecken bei Nierensteinen); Durstgefühl; Schweißverlust

Hinweis: vgl. Z. 33–35; Z. 35–38; Z. 116; Z. 124

4. a) [X] Nur A ist richtig.

Hinweis: vgl. Z. 67–70

b) [X] Nur B ist richtig.

Hinweis: vgl. 116–120

Jede richtige Antwort ergibt zwei Punkte. Sind mehrere Möglichkeiten angekreuzt, wird kein Punkt vergeben.

5.

Textstelle	Merkmal
Zeile 1–6	E
Zeile 25–28	A
Zeile 49–64	D
Zeile 94–97	C
Zeile 99–106	D
Zeile 125–129	A

Hinweis: E: Als „Teaser" (von engl. to tease – reizen, necken) werden in Journalismus und Werbung z. B. ein kurzer Satz oder auch ein Bild bezeichnet, die den Leser, Zuhörer oder Zuschauer dazu anregen sollen, weiterzulesen, -zuzuhören oder -zuzuschauen. Teaser sind beispielsweise im Internet gebräuchlich. Sie geben eine kurze Orientierung über den Inhalt eines Artikels, den man durch Anklicken erreichen kann. „Lead" nennt man den kurzen Vorspann eines journalistischen Textes, der besonders hervorgehoben ist, z. B. durch Fettdruck. Er fasst die Kernaussage des Beitrags in wenigen Sätzen knapp zusammen.
A: Autorenkommentare lassen sich z. B. daran erkennen, dass sie eine gängige Meinung oder allgemeingültige Erkenntnis relativieren oder sogar infrage stellen. Im vorliegenden Text ist das durch die ironisch-kritische Gegenüberstellung von beobachtbaren Trinkgewohnheiten und wissenschaftlichen Erkenntnissen der Fall, z. B. in Zeile 25–28.

D: Wenn Äußerungen von Wissenschaftlern oder Fachleuten wörtlich zitiert oder auch, wie in Zeile 99–106, indirekt wiedergegeben werden, handelt es sich um Expertenmeinungen.
C: Abgesicherte Statistiken, Umfrageergebnisse und wissenschaftliche Untersuchungen sind wichtige Merkmale jeder Reportage. Sie zeigen, dass die Reportage nicht auf bloßen Behauptungen beruht, sondern auf überprüfbaren Fakten.

6. *✐ Hinweis: Überhöhung bedeutet etwas zu idealisieren, zu verherrlichen oder zu verklären. In diesem Fall ist damit gemeint, dass dem alltäglichen Vorgang des Wassertrinkens eine höhere Bedeutung zugestanden wird, als es eigentlich angemessen ist. Für jeden genannten Aspekt sowie die entsprechende Zeilenangabe wird jeweils ein Punkt vergeben. Das bloße Nennen von Aspekten ohne Textbezug wird nicht gewertet.*

   – Wasser gilt als Wundermittel, da es positive Auswirkungen sowohl auf Körper (Gesundheit, Schönheit) als auch Geist (Z. 7 f.) haben soll.
   – Wassertrinken als Bestandteil des High-Tech-Alltags: Handy erinnert daran, Wasser zu trinken („Trink-App", Z. 14 f.)
   – Wassertrinken ist mittlerweile eine Massenbewegung („überall stehen, gehen, rollen und laufen sie", Z. 23 f.).
   – Auch im Sport ist Wassertrinken zum Kult geworden (Z. 90–93).

7. *✐ Hinweis: Bei dieser Aufgabe musst du die Empfehlungen der beiden Organisationen, die im Text genannt werden, gegenüberstellen, d. h., es muss in deinen Formulierungen genau deutlich werden, worin sich die beiden Empfehlungen unterscheiden.*

   a) – Die IMMDA empfiehlt, bei der Flüssigkeitsaufnahme auf das eigene Durstgefühl zu hören und nur in besonderen Fällen, beispielsweise bei hohen Temperaturen, mehr zu trinken. (Z. 112–120)
   – Das ACSM empfiehlt hingegen, die Flüssigkeitsaufnahme nicht nach dem Durstgefühl zu richten, sondern nach dem Schweißverlust. (Z. 121–125)

   b) Die Autorin sympathisiert mit der Empfehlung der IMMDA. Erkennbar ist das z. B. an der Wortwahl in Z. 121: „propagiert" sowie in Z. 128 f.: „[…] den Flüssigkeitskonsum offenbar gern noch weiter ankurbeln würde".
   Dass Durst allein nicht ausreiche, um unseren Flüssigkeitshaushalt zu regulieren, werde „von der Trinklobby insinuiert" (Z. 72 f.).

Hinweis: Wenn ein Autor/eine Autorin seine/ihre Meinung in einem Text nicht explizit äußert, kannst du diese oft an Ausdrücken erkennen, die unterschwellig eine Wertung enthalten. Die Verben „propagieren" und „insinuieren" im vorliegenden Text haben z. B. eine deutlich abwertende Bedeutung. Um die volle Punktzahl zu erreichen, ist bei dieser Aufgabe unbedingt ein Textbeleg, das heißt ein wörtliches Zitat nötig. Auch die Zeilenangabe ist wichtig, sonst gibt es Punktabzug.

8. *Hinweis:* Anders als bei der vorangegangenen Aufgabe sollst du hier nicht nur die Textbeispiele anführen, an denen man die Meinung der Autorin erkennen kann, sondern auch das dafür verwendete sprachliche Mittel nennen und kurz erklären, was es beim Leser bewirkt. Für die Nennung zweier unterschiedlicher sprachlicher Mittel, des dazu passenden Textbeispiels sowie der entsprechenden Erläuterung wird jeweils ein Punkt vergeben.

- Die Autorin verwendet den Konjunktiv, z. B. in Z. 7 f.: „Man muss viel trinken, das sei gut für die Gesundheit, die Schönheit, den Geist, so heißt es." Die heilsame Wirkung von Wasser wird durch diese Formulierung infrage gestellt. Indem die Autorin den Konjunktiv verwendet und nicht den Indikativ (das **ist** gut), verrät sie, dass sie diese Aussage anzweifelt; der Konjunktiv drückt aus, dass es sich um eine Vermutung handelt, nicht um eine Tatsache.
- Die Autorin verwendet Ironie: „Wohin der Blick auch schweift, überall stehen, gehen, rollen und laufen sie, die um ihr Wohl besorgten Wasserträger." (Z. 22–24). Der erhöhte Wasserkonsum wird auf diese Weise lächerlich gemacht.
- Durch Übertreibung wird die spöttische Haltung der Autorin ebenfalls deutlich. „Von der Getränkeindustrie meisterlich orchestriert, trägt das Hohelied auf die wundersamen Wirkungen prall gefüllter Flüssigkeitsspeicher inzwischen stattliche Früchte." (Z. 19–22) Mithilfe einer übertrieben ausgeschmückten Wortwahl („meisterlich orchestriert", „Hohelied", „wundersame Wirkung", „prall gefüllt", „stattlich") macht sie sich über den weit verbreiteten „Wasserkult" lustig und zeigt, dass sie ihn für überzogen hält.

Teil II: Schreiben

II.A: Textproduktion (Wahlaufgabe)

🖋 *Hinweis: Allgemeine Hinweise zur Bewertung der Schreibaufgaben findest du im Hinweis zum Teilbereich Schreiben (Text 1) auf S. D 2012-6.*

a) 🖋 *Hinweis: Was bei dieser Aufgabe von dir erwartet wird, macht die Arbeitsanweisung „Argumentiere" deutlich: Du sollst im Stil einer Erörterung Pro- und Kontra-Argumente zur Fragestellung suchen, sie einander gegenüberstellen und mit einer begründeten eigenen Meinung schließen.*
Aufbau/Inhalt/formale Aspekte: In der Einleitung greifst du die Fragestellung auf. Anschließend führst du im Hauptteil deine Pro- und Kontra-Argumente aus und veranschaulichst sie mit Beispielen. Stütze dich dabei auf eigene Erfahrungen oder greife auf Aussagen aus dem Text zurück. Am anschaulichsten wird deine Argumentation, wenn du reale Situationen beschreibst und daraus deine Folgerungen ableitest. Im Schlussteil begründest du deinen eigenen Standpunkt, indem du das deiner Meinung nach stärkste Argument noch einmal aufgreifst und einen Formulierungsvorschlag für die Schulordnung anbietest.
Sprachangemessenheit: Schreibe im Präsens. Berichtest du von eigenen Erlebnissen, sind die Formen der Vergangenheit zu verwenden.

Die meisten Schülerinnen und Schülern kennen das: Überheizte Klassenräume, lange anstrengende Prüfungsarbeiten und keine Möglichkeit, etwas gegen das plötzliche Durstgefühl und die trockene Kehle zu unternehmen. Der schnelle Schluck aus der Trinkflasche mitten in der Stunde wird von vielen Lehrkräften genauso wenig geduldet wie der Biss ins Brötchen oder das Kaugummikauen.

Einleitung:
Schreibanlass/Thema

Dabei sind das völlig unterschiedliche Dinge und sollten deshalb unterschiedlich behandelt werden. Ich bin auch der Meinung, dass Essen und Kauen im Unterricht störend wirken und deshalb auf die Pausen beschränkt sein sollten. Beim Trinken sieht das jedoch anders aus.

Meinungsäußerung

Lehrerinnen und Lehrer, die auf dem Trinkverbot beharren, berufen sich meist auf die Schulordnung, ihre Argumente sind in der Regel die Folgenden: Wer trinkt, könne nicht gleichzeitig dem Unterricht folgen; häufig seien in den Trinkflaschen keine Durstlöscher, sondern Softdrinks wie Cola, die noch mehr Durst verursachten; Flaschen auf den

Hauptteil:
a) Aufzählung der Argumente gegen das Trinken im Unterricht

D 2012-15

Tischen könnten umkippen und das Arbeitsmaterial un-
brauchbar machen; manche Schüler würden nur aus Lange-
weile trinken, nuckelten stundenlang an ihrem Flüssigkeits-
spender wie ein Baby an der Flasche; das ständige Trinken
würde häufige Toilettengänge notwendig machen; die gängi-
gen Trinkmengenempfehlungen seien eine Mär und wissenschaftlich längst widerlegt; in den Pausen sei ausreichend
Gelegenheit, den Durst zu stillen; und schließlich: Sie selbst
kämen ja auch ohne zu trinken durch die Unterrichtsstunde.

Dem lässt sich jedoch entgegnen, dass Durst eine individuel-
le Empfindung ist. Und wer, wie gerade die jüngeren Schüler, eine bewegte Pause hatte, dessen Körper verlangt
zwangsläufig wenig später nach Flüssigkeit.

b) Pro-Argumente:
1. Durstgefühl ist individuell

Auch hat jeder Schüler und jede Schülerin bereits die Erfahrung gemacht, wie die Konzentrationsfähigkeit leidet, wenn
die Kehle trocken ist. Wer ständig auf die Uhr schaut, weil er
der Pause buchstäblich entgegendürstet, kann dem Unterricht weniger folgen als jemand, der während einer leiden-
schaftlich geführten Diskussion oder einer intensiven Grup-
penarbeit seinen Durst stillen kann, wann immer er oder sie
es für nötig hält.

2. Trinken steigert die Konzentrationsfähigkeit

Mit dem wirklichen Leben hat das Trinkverbot während des
Unterrichts meiner Meinung nach ohnehin nichts zu tun. In
jeder Sitzung, jedem Seminar, jeder Konferenz, jedem Vor-
trag, also wann immer Menschen zusammenkommen, um
geistig zu arbeiten, werden selbstverständlich Getränke in
ausreichendem Maße zur Verfügung gestellt.

3. Trinken bei Konfe-
renzen u. Ä. ist die Regel

Aus Gesundheitsgründen und aufgrund der erhöhten Leis-
tungsfähigkeit bei ausreichender Flüssigkeitsversorgung sollten Schülerinnen und Schüler sowohl in der warmen Jahreszeit als auch in der trockenen Luft überheizter Klassenräume
während der Wintermonate trinken dürfen, so viel und so oft
sie wollen. Um den Bedenken der Lehrerschaft Rechnung zu
tragen, könnte man die Schulordnung so verändern, dass nur
bestimmte Getränke und kippsichere Trinkbehälter erlaubt
sind. Auch darf die allgemeine Trinkerlaubnis nicht dazu
führen, dass Schülerinnen und Schüler das Recht auf ständige Toilettengänge reklamieren. Ich bin der Meinung, dass

Schluss:
persönliche Stellungnahme

Lösungsvorschläge

D 2012-16

wir alle alt genug sind, um unsere körperlichen Bedürfnisse mit dem Rhythmus des Schulalltags in Einklang zu bringen. Das heißt: Grundsätzlich wird in den großen Pausen gegessen, getrunken und zur Toilette gegangen. Wer in der Stunde Durst bekommt, nimmt leise und ohne den Unterricht zu stören einen Schluck. In der Flasche ist Wasser, Tee ohne Zucker oder Saftschorle, jedoch keine süße Limonade. Ist das Trinken während des Unterrichts erst einmal so selbstverständlich wie die Erlaubnis zum Naseputzen, wird es sicher bald nicht mehr als Störung wahrgenommen – einen Probelauf wäre das doch allemal wert!

b)   *Hinweis: Aufbau/Inhalt/formale Aspekte: Im zweiten Teil der Arbeitsanweisung werden dir bereits die Grundbausteine für die Gliederung deiner Erzählung vorgegeben: Die Darstellung der Ausgangssituation der Person übernimmt die Funktion einer Einleitung. Achte hier darauf, auch Handlungsort und -zeit zu nennen. Im Hauptteil entwickelst du deine zum Thema „Gesundheit" passende Handlung, die auf das besondere Ereignis als Höhe- bzw. Wendepunkt zulaufen sollte. Im Schlussteil schilderst du die Veränderungen, die sich aus diesem Ereignis ergeben. Vergiss nicht, deiner Geschichte eine passende Überschrift zu geben. Sprachangemessenheit: Eine Erzählung sollte in erster Linie lebendig gestaltet sein, sodass der Leser den Eindruck bekommt, direkt am Geschehen teilzuhaben. Dies gelingt dir unter anderem durch die Verwendung direkter und indirekter Rede sowie verschiedener sprachlicher Mittel (anschauliche Adjektive, treffende Verben, bildhafte Ausdrücke etc.). Entscheide dich für eine einheitliche Zeitform, die du deiner Erzählung zugrundelegst. Bei Erzählungen ist das meist eine Vergangenheitsform. Von dieser kannst du abweichen, um z. B. Gedankengänge (Präsens) oder Ausblicke (Futur) darzustellen.*

Aufgewacht   treffende Überschrift

Als Dennis mit schmerzendem Kopf erwachte, zeigte der   **Einleitung:**
Wecker neben seinem Bett zehn nach acht. Mist. Wieder zu   Darstellung der
spät. Diesmal würde es richtig Ärger geben. Nicht, dass es   Ausgangslage
ihm noch besonders viel ausmachen würde, jedenfalls meistens nicht. Die Lehrer hatten sich scheinbar daran gewöhnt, dass sie ihn seit einigen Wochen kaum vor der zweiten oder gar dritten Stunde zu Gesicht bekamen. Sie sollten froh sein, dass er überhaupt noch in der Schule aufkreuzte, jetzt, im

letzten Jahr vor dem Schulabschluss. Bisher hatte er es ja auch immer geschafft, die Kurve zu kriegen. In den Arbeiten gelang ihm mit Glück und Hilfe seiner Mitschüler immer noch eine Vier, schließlich war er ja nicht doof. Und die Entschuldigungszettel, in denen er die Gründe für seine Fehlstunden auf fantasievolle Weise mit verschiedenen gesundheitlichen Problemen auflistete, unterschrieb seine Mutter inzwischen ohne hinzuschauen, wenn sie morgens völlig kaputt von ihrer Schicht als Krankenschwester nach Hause kam. Genau wie seine Lehrer hatte sie es aufgegeben, ihn zur Rede zu stellen. Gut so.

Nein, heute nicht gut. Er hatte blöderweise eine Englischarbeit verpasst, und heute war der Nachschreibtermin. Um viertel vor neun musste er auf der Matte stehen. Falls er nicht oder nicht rechtzeitig käme, darauf hatte die Lehrerin ihn hingewiesen, würde der Entschuldigungsbrief seiner Mutter nicht reichen, er müsste ein ärztliches Attest vorlegen. Und nichts scheute Dennis so sehr wie einen Arztbesuch, womöglich mit Untersuchung der Blutwerte auf alles Mögliche. Während er hastig in dem Klamottenhaufen nach einer halbwegs sauberen Jeans suchte und nach einem T-Shirt, das nicht nach der siffigen Couch im Jugendkeller stank, überlegte er, was sie wohl alles finden würden in seinem Blut, was eigentlich nicht hineingehörte.

Hauptteil: aktuelle Situation

Unwillkürlich musste er grinsen. Die vergangene Nacht war krass gewesen, wie so viele davor. Erst die Bierchen im Jugendkeller, anschließend der Super-Joint von Gisi, der ihn direkt in den Himmel katapultierte, hinterher Wodka bei Hannes im Garten, gegen drei Uhr nachts dann mit Karacho durch die Wohngebiete auf ihren getunten Mofas und Rollern, von denen sie vorher die Nummernschilder abmontiert hatten. Und danach? Filmriss, wie so häufig in letzter Zeit.

Rückblick

Dennis schnappte sich seinen Rucksack, eigentlich nur der Form halber, denn außer einem zerfledderten Schreibblock und einem fast leeren Mäppchen enthielt er sowieso nichts Brauchbares, und ließ die Wohnungstür hinter sich zufallen.

Hinführung zum Höhe-/ Wendepunkt

Auf der Treppe stolperte er und wäre beinahe gestürzt. Er blieb kurz stehen und blinzelte. War da nicht was? Er hätte

Spannungsaufbau

schwören können, dass ein Eichhörnchen vor ihm über die Stufen gehuscht war. Quatsch, konnte es ja gar nicht geben, hier im Treppenhaus. Aber irgendwas war schon merkwürdig. Er fühlte sich schwindelig und musste sich kurz setzen. Vielleicht hätte er doch wenigstens eine Kleinigkeit frühstücken sollen. Aber dazu war jetzt keine Zeit mehr, nur die Englischarbeit zählte. „Das bisschen Essen kannst du auch trinken", sagte Hannes immer, wenn er mit einem Hieb auf die Tischkante die nächste Bierflasche öffnete. Und es stimmte: Bier und Gras in ausreichenden Mengen ließen seit Wochen kaum noch Hungergefühle aufkommen.

Verzögerung der Handlung: Spannungssteigerung

Dennis schob den Helm bis zum Ellenbogen über den Arm, schwang sich auf den Roller und gab Gas, es wurde höchste Zeit. Die kleine Ölpfütze hinter der Abbiegung sah er zu spät. Beim Bremsen riss es ihm das Hinterrad weg, und er schlidderte quer über die Straße, direkt auf den Trafokasten zu, der an der Ecke stand …

Ereignis / Höhepunkt: Mofa-Unfall

„Glück gehabt!" Die Stimme des Arztes drang wie durch Watte. „Restalkohol nicht zu knapp, THC-Werte, die einen Alt-Hippie neidisch machen würden, Untergewicht, Blutdruck im Keller, du hattest wohl einen Schutzengel, mein Junge." Untergewicht? Schutzengel? Was quatschte der Weißkittel da? Mühsam drehte Dennis seine Augen in die Richtung, aus der die Stimme gekommen war. Zu anderen Bewegungen war er nicht fähig. „Wenn alles gut geht, kannst du in ein paar Tagen mit der Physiotherapie anfangen. Das Rückenmark ist nur gestaucht, nicht durchtrennt", fuhr der Arzt unbarmherzig fort. „Das heißt, dass du Arme und Beine vermutlich bald wieder bewegen kannst. Tja, manche Leute gehen mit ihrem Körper um, als hätten sie noch einen zweiten zu Hause im Regal. Ciao, ich komme später noch mal wieder. Lass dich nicht stören beim Nachdenken. Du wirst viel Zeit dafür haben."

Auflösung der Handlung: glimpflicher Verlauf des Unfalls

ärztliche Diagnose

Dennis brauchte eine Weile, bis er die Mosaiksteine in seinem Kopf richtig zusammengesetzt hatte. Als es endlich so weit war, fasste er einen Entschluss: Sollte er diesen Horror überstehen, würde in seinem Leben alles, aber auch wirklich alles anders werden.

Schluss: Entschluss des Ich-Erzählers, sich zu ändern

Abschlussprüfung Deutsch an Realschulen in Hessen 2012
Sprachliche Richtigkeit

II.B: Sprachliche Richtigkeit

1. *Hinweis: Markiere beim ersten Lesen alle Fehler, die dir auf Anhieb auffallen. In einem weiteren Durchgang liest du jeden Satz noch einmal einzeln und überprüfst, ob alle Kommas richtig gesetzt sind. Konzentriere dich dann auf die einzelnen Wörter. Wenn du bei der Rechtschreibung eines Wortes unsicher bist, schlage es im Duden nach. Wende auch die bekannten Rechtschreibstrategien an, z. B.: „Ich achte auf den Artikel", um ein Nomen zu erkennen. Oder: „Ich verlängere das Wort", um den richtigen Buchstaben am Wortende hörbar zu machen (Brud oder Brut? brüten → Brut).*

In der letzten Zeit wird oft über Länder in Europa berichtet, **(fehlendes Komma)**[1] die große ~~Geldpropleme~~ Geldprobleme[2] haben. Bei diesen Berichten geht es häufig um den Euro-Rettungsschirm. ~~Dass~~ Das[3] ist eine Art ~~Versprechen~~ Versprechen[4], das sich alle Länder, in denen mit dem Euro bezahlt wird, vor mehr als einem Jahr gegeben haben: Wenn ein Euro-Land besonders große Schulden hat, **(fehlendes Komma)**[5] wollen die anderen Euro-Länder mit Geld aushelfen. Mit diesem Hilfeversprechen schützen sich die Euro-Länder gegenseitig – so wie ein Schirm vor Regen schützt.

Alle 17 Länder, in denen mit dem Euro bezahlt wird, ~~mußten~~ mussten[6] darüber entscheiden, **(fehlendes Komma)**[7] ob der bisherige Euro-Rettungsschirm noch ~~grösser~~ größer[8] werden soll, also, ob hoch verschuldete Euro-Länder im Notfall noch mehr Geld bekommen sollen.

Nach einigen ~~Diskusionen~~ Diskussionen[9] und vielen Sitzungen haben nun alle Euro-Länder ihre Zustimmung für den erweiterten Euro-Rettungsschirm gegeben. Jetzt steht also noch mehr Geld für den Rettungsplan zur ~~verfügung~~ Verfügung[10]. Die Euro-Länder haben zusammen eine Art Firma gegründet. Weil sich die Euro-Länder gegenseitig das Hilfeversprechen gegeben haben, bekommt diese Firma von Banken leichter Geld als ein ~~Einzelnes~~ einzelnes[11] Land, das auch noch viele ~~schulden~~ Schulden[12] hat.

Quelle: ZDF, alte Textversion mit dem Stand vom 28. 10. 2011;
www.tivi.zdf.de/Fernsehen/logo/artikel/37267/druckansicht/index.html

*Hinweis: 1) Relativsatz; „die" ist hier Relativpronomen (es bezieht sich auf „Länder"); das finite Verb steht am Satzende („haben"). 2) **Problem** ist ein*

D 2012-20

Fremdwort; wenn du dir bei der Schreibweise unsicher bist, sieh im Wörterbuch nach. 3) „Dass" (mit ss) leitet immer einen Nebensatz ein, das finite Verb müsste daher am Satzende stehen. Hier steht das finite Verb jedoch in der Satzmitte: „Das ist eine Art Versprechen [...]" (Hauptsatz); „das" ist hier Demonstrativpronomen. 4) Versprechen: Hier fehlt das r nach sp. Sprich dir das Wort leise und langsam vor, um alle Buchstaben hörbar zu machen. 5) „Wenn" leitet einen Konditionalsatz ein, daher muss nach dem finiten Verb („hat") ein Komma stehen. 6) mussten: Doppelkonsonant nach kurz gesprochenem Vokal; 7) Komma vor „ob": indirekter Fragesatz; finites Verb steht am Satzende („soll"); 8) größer: scharfes ß nach lang gesprochenem Vokal; 9) Diskussion: Doppelkonsonant nach kurz gesprochenem Vokal; 10) Zum einen kannst du an der Endung „-ung" erkennen, dass es sich um ein Nomen handelt. Zum anderen weist dich das vorangehende „zur" – eine Verschmelzung aus der Präposition „zu" und dem Artikel „der" – darauf hin, dass „Verfügung" ein Nomen ist, das du großschreiben musst. 11) „einzelnes" ist ein Adjektiv, das sich auf das Nomen „Land" bezieht. Daher musst du es hier kleinschreiben. Nur wenn das nachfolgende Nomen fehlen würde, wäre „einzelnes" eine Nominalisierung („ein Einzelnes"), die du großschreiben musst. 12) Schulden ist ein Nomen im Plural (die Schuld → die Schulden). Das kannst du auch an dem vorangehenden Adjektiv „viele" erkennen.

2. ✎ **Hinweis:** *Für jede richtige Lösung wird ein Punkt vergeben. Bei mehr als vier eingekreisten Wörtern wird die ganze Aufgabe mit null Punkten gewertet.*

a) Der Chef möchte immer auf dem ⟨laufenden⟩ sein.

✎ **Hinweis:** *„Laufenden" ist hier eine Nominalisierung. Du erkennst sie an dem vorangestellten Artikel „dem".*

b) Sie hat am ⟨Besten⟩ von allen gespielt.

✎ **Hinweis:** *Bei „am besten" handelt es sich hier um ein gesteigertes Adjektivadverb (Superlativ zu „gut"), daher musst du es kleinschreiben. Nur wenn das Wort „beste" als Nomen verwendet wird, schreibt man es groß (z. B. der Beste, das Beste).*

e) Aus ⟨angst⟩ passieren viele Fehler.

✎ **Hinweis:** *Angst ist hier Nomen. Ob es sich um ein Nomen handelt oder nicht, kannst du prüfen, indem du versuchst, einen Artikel voranzustellen. Das ist hier prinzipiell möglich: Aus wem oder was (heraus) → aus der Angst (heraus). Das klingt zwar etwas holperig, ist aber grammatikalisch korrekt.*

f) Mir wird (Angst), wenn ich an die viele Arbeit denke.

Hinweis: Du musst „angst" kleinschreiben, da es hier als Adjektiv verwendet wird. Probiere wieder aus, ob sich ein Artikel voranstellen lässt. Das ist nicht der Fall: „Mir wird die Angst, …" ist kein grammatikalisch korrekter Satz.

3.

Satz	Begründung
Weil die Frau in der Nähe des Sees vermisst wurde, startete die Polizei auch eine Suche mit dem Hubschrauber.	C
Nachdem der Wetterdienst Sturm angekündigt hatte, musste die Feier abgesagt werden.	C
Ich bin verwirrt, das habe ich so nicht voraussehen können.	B
Um erfolgreich zu sein, ging er kein Risiko ein.	A
Sie wird heute früher gehen, sie will nämlich noch Eis essen.	B

Hinweis: Überprüfe bei jedem Teilsatz, ob er auch alleine stehen könnte. (Oft musst du dazu die Wortfolge innerhalb des Teilsatzes verändern, z. B. … musste die Feier abgesagt werden. → Die Feier musste abgesagt werden.). Ist der Satz auch ohne den zweiten Teilsatz sinnvoll, handelt es sich um einen Hauptsatz.
Satz 1 und 2: „Weil" leitet einen kausalen, „nachdem" einen temporalen Nebensatz ein; die finiten Verben („wurde", „hatte") stehen jeweils am Satzende. Das Komma trennt hier den Neben- von dem nachfolgenden Hauptsatz.
Satz 3 und 5: Beide Teilsätze können für sich alleine stehen. Das Komma trennt folglich zwei Hauptsätze.
Satz 4: Der erste Teilsatz kann nicht für sich alleine stehen. Er ist jedoch kein Nebensatz, da er kein finites Verb enthält. Es handelt sich um einen Zwecksatz, der mit der Konjunktion „um" und einem erweiterten Infinitiv („zu sein") gebildet wird.

4.

Satz	Strategie
Bei der Finsternis nutzte der Schein der Kerze auch nichts mehr.	A
Die Mannschaft feierte ihren Sieg überschwänglich.	C
Das Trainieren machte ihnen Spaß.	D
Er transportierte die Geschenke in einer Kiste.	E
Die Enttäuschung war ihm anzusehen.	A

Hinweis: Satz 1: Warum man Finsternis am Ende mit „s" und nicht mit „ss" schreibt, obwohl der vorangehende Vokal „i" kurz gesprochen wird, findest du heraus, wenn du das Wort in seine Bestandteile zerlegst: Finsternis ist ein Nomen, das gebildet wird, indem man an das Adjektiv „finster" die Nachsilbe „nis" hängt. Die Nachsilbe „-nis" schreibt man immer mit einfachem „s" am Ende.

Satz 2: überschwänglich → Wortursprung: Schwang

Satz 3: Nominalisierung; der Artikel „das" verweist darauf, dass ein Nomen folgen muss.

Satz 4: Der Vokal „i" wird in „Kiste" kurz gesprochen, daher wird nicht „ie" geschrieben. Das Wort lässt sich zudem nicht weiter zerlegen. Anders als beispielsweise bei küsste → Kuss liegt ihm kein auf „ss" endendes Stammwort zugrunde. Deshalb schreibt man einfaches „s" trotz kurz gesprochenem Vokal.

Satz 5: Ent- (Vorsilbe)+Täuschung (Nomen)

Abschlussprüfung Deutsch an Realschulen in Hessen 2013
Text 1

Teil I: Lesen

1. a) ☒ zu Silvester
   ✒ *Hinweis: vgl. Z. 36; Z. 129*

   b) ☒ Minuten
   ✒ *Hinweis: vgl. Z. 17*

   c) ☒ zwischen zweitem und drittem Stockwerk
   ✒ *Hinweis: vgl. Z. 70–72*

   d) ☒ die junge Frau eine Scheibe einschlägt
   ✒ *Hinweis: vgl. Z. 79–82*

   e) ☒ Verzweiflung
   ✒ *Hinweis: vgl. Z. 112–114*

   f) ☒ ihre zwei Kinder allein in der Wohnung gelassen hat
   ✒ *Hinweis: vgl. Z. 114 f.*

   Jede richtige Antwort ergibt einen Punkt. Kreuzt du mehrere Möglichkeiten an, wird kein Punkt vergeben.

2. a) ☒ Nur A und C stehen im Text.
   ✒ *Hinweis: (A: Z. 111; C: Z. 55 f.)*

   b) ☒ Nur A und D stehen im Text.
   ✒ *Hinweis: (A: Z. 102; D: Z 102 f.)*

   Jede richtige Antwort ergibt zwei Punkte. Kreuzt du mehrere Möglichkeiten an, wird kein Punkt vergeben.

3. *Maximal drei Punkte gibt es, wenn von diesen Tätigkeiten drei genannt werden:* rauchen *(Z. 13)*, sich bewegen *(Z. 14)*, jemanden berühren *(Z. 14)*, trinken *(Z. 49)*, sprechen *(Z. 49)*

   ✒ *Hinweis: Da ausdrücklich nur Tätigkeiten genannt werden sollen, gelten „Erregung" (Z. 14), „Pessimismus" (Z. 24), und „Optimismus" (Z. 24) als falsch.*

D 2013-1

4. ✓ **Hinweis:** *Bei dieser Aufgabe musst du sowohl das Merkmal nennen als auch einen passenden Textbeleg anführen, um jeweils einen Punkt zu bekommen. Als Textbelege gelten außer Zitaten auch Verweise auf Handlungen bzw. Textausschnitte oder einfach nur Zeilenangaben. Nennungen ohne Beleg werden nicht gewertet.*

Mögliche Lösungen (drei erforderlich):
- unvermittelter Anfang: Z. 1–11
- nur ein Handlungsstrang: Erzählt wird nur das Eingesperrtsein im Fahrstuhl.
- nur ein Handlungsort: der Aufzug
- wenige Personen: älterer Herr, Taxifahrer, Mädchen, junge Frau
- die Personen haben keine Namen, werden nur über Beruf oder Alter definiert: älterer Herr, Taxifahrer, junge Frau, junges Mädchen
- die Handlung beschränkt sich auf eine kurze Zeitspanne: kurz vor bis kurz nach Mitternacht an Silvester
- es wird eine alltägliche Situation dargestellt: Stromausfall und die Folgen
- Alltagssprache: „... die haben einen motorisierten Kundendienst, der die Aufzüge schnell wieder flottmacht." (Z. 18–20)
- es gibt einen Wendepunkt: Die junge Frau stößt die Fensterscheibe ein.
- offenes Ende: Der Leser erfährt nicht, ob und wie die Leute befreit werden.

5.

Zitat	Sprachliches Mittel
„Ich schlage als allgemeine Grundstimmung Pessimismus vor – bei Optimismus verbraucht man ..." (Z. 23 ff.)	Antithese, Ironie
„Dann muß das E-Werk Ihnen was zahlen." (Z. 45)	Personifikation
„Die warten schon auf mich ..." (Z. 46)	Ironie
„ ... er seinen Spaziergang würde machen können, allein." (Z. 150 f.)	Inversion

✓ **Hinweis:** *Für jede richtige Antwort wird ein Punkt vergeben. In der ersten Zeile sind zwei sprachliche Mittel korrekt, zwei Punkte gibt es dafür aber leider nicht. Um die Zuordnung richtig vornehmen zu können, solltest du die Zitate im Textzusammenhang lesen. Besonders das sprachliche Mittel „Ironie" kannst du erst dann erkennen.*

Antithesen bestehen aus zwei gegensätzlichen bzw. einander widersprechenden Teilen, die einen Kontrast hervorheben (hier: Pessimismus – Optimismus). Es kann sich um einzelne Wörter, Satzteile oder ganze Sätze handeln. Oft finden sie Verwendung, um etwas zu ironisieren.

*Mit der **Personifikation** wird nicht Menschliches, also Gegenstände oder wie in diesem Fall eine Institution, vermenschlicht. Das heißt, man spricht ihnen Eigenschaften oder Fähigkeiten zu, die sie in der Realität nicht haben.*

*Durch **Ironie** soll etwas lächerlich gemacht und Kritik ausgedrückt werden, indem man das Gegenteil von dem sagt, was man eigentlich meint. Durch entsprechende Betonung, begleitende Mimik und Gestik erkennt der Zuhörer, dass der Sprecher seine Äußerung ironisch gemeint hat. Hier kannst du die Ironie durch den Gesamtzusammenhang im Text erkennen.*

*Wenn der übliche Satzbau umgestellt wird, um einen Teil der Aussage besonders zu betonen, spricht man von einer **Inversion**. In der normalen Satzstellung würde das Wort „allein" entweder nach „er" oder nach „Spaziergang" stehen.*

*Bei einem **Oxymoron** werden zwei gegensätzliche, einander ausschließende Begriffe verbunden, um die Mehrdeutigkeit eines Sachverhaltes deutlich zu machen (Bsp.: Hassliebe, alter Knabe). Die gegebenen Beispiele enthalten kein Oxymoron.*

*Um etwas zu veranschaulichen, benutzt man bildhafte **Vergleiche**. Dabei werden häufig unterschiedliche Bereiche auf der Grundlage von Ähnlichkeiten verknüpft und mit „wie" verbunden (Bsp.: Er kämpfte wie ein Löwe., Das Steuersystem ist wie ein Dschungel.). Bei den gegebenen Zitaten liegt kein Vergleich vor.*

6.

Person	Reaktion *(mögliche Antworten, je nur eine erforderlich)*
alter Mann	– fährt nicht gerne Aufzug – „… war ihm verhaßt." (Z. 7 f.) – die Situation erscheint ihm gefährlich – „Es gilt, Sauerstoff zu sparen, er wird kostbar werden." (Z. 15 f.) – glaubt nicht an eine baldige Rettung – „Ich schlage als allgemeine Grundstimmung Pessimismus vor …" (Z. 23 f.)
junger Mann	– ärgert sich über den erzwungenen Aufenthalt, da ihm Verdienst entgeht – „… ist mein bestes Geschäft hin." (Z. 35 f.) – fühlt sich als Pechvogel – „… aber ich bin Pech gewohnt." (Z. 38) – fügt sich in das Unvermeidliche und reagiert gelassen – „…aber wenn jemand von Ihnen 'nen Schluck zu trinken hätte …" (Z. 46 ff.)

junge Frau	– ergreift die Initiative – „… stieß die Scheibe des schoko-ladentafelgroßen Fensters ein." (Z. 81 ff.) – ist verzweifelt wegen ihrer Kinder – „… Verzweiflung. Meine zwei Kinder sind nämlich oben allein …" (Z. 114 f.) – pessimistisch, glaubt auch nicht an eine baldige Rettung – „Und weil meine Grundstimmung Pessimismus ist …" (Z. 117 f.)
Mädchen	– sorglos – „In ein paar Minuten wird es vorüber sein" (Z. 17) – naiv – „Für Ihren Schaden wird die Versicherung auf-kommen." (Z. 39 f.) – lehnt die Regeln ab, begreift nicht deren Bedeutung – „Ich bin auf jeden Fall gegen alle drei Gesetze." (Z. 55 f.) – verzweifelt – „… schon mit Tränen in der Stimme" (Z. 62 f.)

Hinweis: Bei dieser Aufgabe musst du für jede der vier Personen eine passende Einstellung aus dem Text mit eigenen Worten wiedergeben und zusätzlich die Textstelle zitieren, in der diese Einstellung deutlich wird. Vergiss nicht, die entsprechende Zeile anzugeben, sonst wird jeweils ein halber Punkt abgezogen.

7. *Hinweis: Die vier Punkte für diese Aufgabe teilen sich folgendermaßen auf: Zwei Punkte bekommst du, wenn du die Behauptung auf nachvollziehbare Weise, das heißt am Text, jedoch mit eigenen Worten erklärst. Die beiden anderen Punkte gibt es für die Verweise auf die jeweils passende Textstelle, die deine Erklärung unterstützt, und zwar je eine vom Anfang und vom Ende der Geschichte. Nennst du nur Textstellen und verzichtest auf eine Erklärung, gibt es überhaupt keinen Punkt für diese Aufgabe; ebenso verhält es sich, wenn du die Behauptung zwar erklärst, aber nicht am Text belegst.*

Sowohl am Anfang als auch am Ende der Geschichte wird deutlich, dass der alte Mann gerne allein ist. Am Anfang ärgert er sich über sich selbst, dass er den Aufzug genommen hat und die „intime" Situation ertragen muss. Am Ende ist er erleichtert, dieser Situation und damit der unausweichlichen Nähe der anderen Menschen wieder zu entkommen.

Mögliche Textbelege vom Anfang der Geschichte:
– Z. 1 f.: „… hatte sich darauf gefreut, allein zu sein;"
– Z. 5–8: „…; die aufdringliche Intimität … war ihm verhaßt."

Mögliche Textbelege vom Ende der Geschichte:
- Z. 149 f.: „… er war froh, daß die Gefangenschaft bald vorüber sein … würde"
- Z. 151: „…, allein."

8. ✔ **Hinweis:** *Hier erfolgt die Bewertung ähnlich wie in Aufgabe 7: Für Textbelege ohne Erläuterungen und für Erläuterungen ohne Textbelege gibt es keine Punkte. Zwei Punkte gibt es aber für jedes richtig erläuterte Beispiel, der passende Textbeleg wird mit einem Punkt bewertet.*

Mögliche Lösungen (nur zwei erforderlich):
- Die vier Menschen im Fahrstuhl müssen Rücksicht aufeinander nehmen. – „… ich schlage vor, wir stellen zunächst einmal das Rauchen ein" (Z. 12 ff.)
- Es werden Regeln aufgestellt. – „Zwei weitere Gesetze in unserem kleinen Staat wären fällig, …" (Z. 51 f.)
- Der alte Mann schlägt eine demokratische Entscheidung für seine „Gesetze" vor. – „Stimmen wir ab?" (Z. 54)
- Sie suchen nach einer Lösung für alle und unterstützen sich dabei gegenseitig. – „‚Bitte', sagte die junge Frau, ‚würden Sie mir Ihren Schirm leihen?'" (Z. 73 f.)
- Die Führungsrolle eines einzelnen wird akzeptiert. – „Die drei taten, wie die Frau befohlen hatte …" (Z. 78 f.)

9. ✔ **Hinweis:** *Für das Erreichen der vollen Punktzahl musst du in deinen Erklärungen darlegen, in welcher Weise die Ironie deutlich wird. Und auch hier gilt wieder: Textbeleg nicht vergessen, sonst gibt es keinen Punkt.*

Mögliche Lösungen (nur zwei erforderlich):

Z. 29–31: „Wir sind dabei, einen Staat zu gründen; die ersten Gesetze sind schon erlassen, nur die Frage der Autorität wäre noch zu klären."
Der junge Mann macht sich über den älteren Herrn und seinen Drang lustig, sofort Regeln für das Zusammenleben aufzustellen, kurz nachdem der Aufzug stehen geblieben ist. Da diese Regeln die persönliche Freiheit der Eingeschlossenen einschränken, wird die ironische Haltung des jungen Mannes zum Staat und zu dessen Gesetzen deutlich.

Z. 45 f.: „Dann muss das E-Werk Ihnen was zahlen." – „Unbedingt. Die warten schon auf mich … "
Der junge Mann reagiert mit skeptischer Ironie auf die Äußerung des jungen Mädchens. Er ist überzeugt, dass das Elektrizitätswerk als (über)mächtige Institution sich nicht mit dem Verdienstausfall eines beliebigen Taxifahrers infolge einer Strompanne beschäftigen wird.

Z. 51–54: „Zwei weitere Gesetze in unserem kleinen Staat wären fällig … Stimmen wir ab?"

Angesichts der Situation der vier Eingeschlossenen erscheint der demokratische Vorgang einer Abstimmung, ob Trinken und Sprechen erlaubt sein sollen, übertrieben und zeigt die spöttische Haltung des alten Mannes gegenüber gesellschaftlichen Regeln.

Z. 99 f.: „… und wenn es in unserem kleinen Staat schon Orden gäbe …"
Der Mann möchte der Frau einen prachtvollen Orden verleihen, nachdem sie das Fenster eingeschlagen hat. Er bezeichnet ihre Tat als „Heldentum" (Z. 104), der Orden selbst soll „ganz aus Gold mit rotem Band und Brillanten" (Z. 101 f.) sein. Mit dieser übertrieben dargestellten Ehrung ironisiert er die Situation und verspottet gleichzeitig die staatliche Vergabe von Orden und anderen äußerlichen Ehrenzeichen.

Teil II: Schreiben

II.A: Textproduktion (Wahlaufgabe)

a) ✒ **Hinweis:** *Die Aufgabe ist so formuliert, dass in deinem Text eine bestimmte Perspektive deutlich werden muss: Die junge Frau, aus deren Sicht du schreiben sollst, nimmt die Situation auf andere Weise wahr als die anderen drei Personen. Alles, was du in der Geschichte über sie erfährst, spielt eine Rolle und sollte in deiner Erzählung berücksichtigt werden. Nachdem die Frau die Scheibe eingeschlagen hat und die Eingeschlossenen nicht mehr befürchten müssen zu ersticken, schlägt die pessimistische Stimmung um; auch das soll in deiner Geschichte deutlich werden. Es ist dir freigestellt, ob du in der Ich-Form schreibst oder eine personale Erzählperspektive aus Sicht der Frau wählst (wie hier im Beispielaufsatz). Auch ist in der Aufgabenstellung nicht festgelegt, wem oder in welcher Form die junge Frau von dieser ungewöhnlichen Silvesternacht erzählt. Du entscheidest also selbst, ob du eine Erzählung bzw. Kurzgeschichte im Stil der Textvorlage verfasst, ob die Frau über ihre Erlebnisse mit einer anderen Person spricht oder ob sie sie in Form eines Briefes oder Tagebucheintrags formuliert. In der <u>Einleitung</u> informierst du am besten über Ort, Zeit, die Personen und die Ausgangssituation. Im <u>Hauptteil</u> schilderst du die Handlungen und das Verhalten der anderen drei Personen aus Sicht der Frau. Der Wendepunkt ist das Einschlagen der Scheibe, danach verändert sich die Stimmung der Fahrstuhlinsassen. Die Aufgabe gesteht dir ausdrücklich einen selbst erfundenen <u>Schluss</u> zu: Du kannst, musst aber keine typische Kurzgeschichte mit offenem Ende schreiben.*

Silvesternacht mit Hindernissen

Eigentlich hatte sie nur eine Flasche Rotwein holen wollen, um wenigstens so etwas Ähnliches wie Silvesterstimmung herbeizuführen. Sekt schien ihr nicht passend angesichts der Situation. Der erste Jahreswechsel allein mit den Kindern, seit er gegangen war. Zunächst hatte sie vorgehabt, gar nichts zu trinken, doch dann beschloss sie spontan, sich doch etwas zu gönnen. Sie vergewisserte sich, dass die Kinder schliefen, und verließ die Wohnung. Glücklicherweise kam der Fahrstuhl schnell, allerdings war die kleine Kabine mit drei Personen schon ziemlich voll. Sie registrierte den älteren Herrn mit dem Regenschirm, den sie schon öfter allein im gegenüberliegenden Park hatte spazieren gehen sehen. Dem jungen Mann mit der Zigarette warf sie einen missbilligenden Blick zu. Sie rauchte selbst gelegentlich, doch musste dieser Kerl unbedingt das bisschen Luft im Aufzug verpesten? Auch das junge Mädchen, das gelangweilt an der Wand des Fahrstuhls lehnte, fiel ihr unangenehm auf. Wie die sich zurechtgemacht hatte! Offenbar wollte sie auf eine Silvesterparty. Ob sie ihrer eigenen Tochter erlauben würde, so auf die Straße zu gehen, wenn sie in dieses Alter kam? Sei nicht so spießig, beschimpfte sie sich gerade selbst, als plötzlich der Fahrstuhl mit einem Ruck stehen blieb und gleichzeitig das Licht ausging. Das Mädchen stieß einen schrillen Kiekser aus, und auch der junge Mann gab einen überraschten Laut von sich. Stromausfall, wieder mal! Sie verfluchte sich dafür, dass sie aus lauter Bequemlichkeit den Fahrstuhl genommen hatte, und dachte nervös an Max und Lilly oben in der Wohnung. Hoffentlich dauerte das nicht zu lange! Genervt hörte sie die Stimme des Alten neben sich. Was bildete der sich ein? Gut, das Rauchen einzustellen war ein sinnvoller Vorschlag. Aber sich nicht bewegen und nicht aufregen? Bei dem Gedanken an die Kinder allein in der Wohnung fühlte sie einen Anflug von Panik. Die Kleine im Glitzerfummel hingegen schien ganz gelassen zu sein, sie hatte wohl Erfahrung mit defekten Fahrstühlen. Und jetzt der Alte wieder mit seinem hochtrabenden Gequatsche: „Ich schlage als allgemeine Grundstimmung Pessimismus vor – bei Optimismus verbraucht man nachgewiesenermaßen mehr Sauerstoff." Wo hatte er diesen

Einleitung:
Ort, Zeit, Personen (Fahrstuhl; Silvesternacht; älterer Herr, Taxifahrer, junges Mädchen, junge Frau)

Wahrnehmung der Personen (Aussehen, Verhalten) aus Sicht der Frau:
– der ältere Herr
– der junge Mann

– das Mädchen

Änderung der Situation → Fahrstuhl bleibt stehen, Reaktion der Frau:

– Ärger über sich selbst
– Nervosität

– gereizte Reaktion auf das Verhalten der Mitfahrer

– Gefühle von Angst und Hilflosigkeit

Blödsinn bloß her? Was kam angesichts der Situation anderes als Pessimismus infrage? Immerhin machte der junge Mann seine Zigarette aus. Und er nahm es mit Humor, machte sich sogar lustig über den Alten mit seinen Regeln. Sie versuchte ruhig zu atmen, sich nicht vorzustellen, was oben in der Wohnung passieren könnte, und sich stattdessen auf das Gespräch der anderen zu konzentrieren. Der junge Mann war offenbar Taxifahrer und lamentierte über seinen entgangenen Verdienst. Wenn sie bloß seine Sorgen hätte. Und jetzt wieder der ältere Herr. Du meine Güte – nicht trinken, nicht sprechen. Angesichts dieser Einschränkungen wurde auch das Mädchen langsam nervös, sie kapierte nicht, dass der Alte versuchte, die Situation durch Ironie zu entschärfen. Offenbar hatten sich die drei aber bereits mit der Aussicht auf eine längere Gefangenschaft abgefunden. Herrgott, dachte sie, irgendetwas muss man doch tun! Bereits jetzt hatte sie das Gefühl, kaum noch Luft zu bekommen. Da fiel durch das winzige Fensterchen ein spärlich flackernder Lichtschein, vielleicht von einer Kerze oder Taschenlampe auf dem Flur, und man konnte erkennen, dass der Lift zwischen dem zweiten und dritten Stockwerk feststeckte. Ihr Blick fiel auf den Regenschirm des älteren Herrn und sie wusste plötzlich, was sie zu tun hatte. Mit einem beherzten Stoß zerschlug sie die schmale Fensterscheibe. Frische Luft strömte herein und ihr schien, als würde der Sauerstoff sofort ihre trüben Gedanken vertreiben. Auf einmal kam ihr ihre Lage nicht mehr ganz so aussichtslos vor. Max und Lilly schliefen wahrscheinlich weiterhin tief und fest und alle ihre Sorgen waren gegenstandslos. Dankbar nahm sie die Zigarette an, die der Taxifahrer ihr nun reichte. Dass der alte Herr vor Erleichterung über ihre spontane Fensterzertrümmerung ganz außer sich geriet und ihr mit seiner altmodischen Art zu reden einen Orden für ihre Heldentat verleihen wollte, amüsierte sie. Sie lehnte sich an die Wand des Fahrstuhls, inhalierte genüsslich den Rauch und ließ das oberflächliche Geplapper des Mädchens und das Gejammer des Taxifahrers über sein verpasstes Geschäft an sich vorbeirauschen. Sollten sie doch reden. Bald würde der Fahrstuhl sich wieder in Bewegung setzen, und dann würde sie diese Menschen nie wieder sehen.

Randnotizen:

– Versuch der Selbstbeschwichtigung

zunehmender Ärger über das Verhalten der Mitfahrer

Verzweiflung über die erzwungene Untätigkeit

Höhe-/Wendepunkt: die Frau ergreift die Initiative

Veränderte Wahrnehmung der Situation und der Mitfahrer

Entspannung

Offenes Ende: z. B. unklar, wann die Fahrstuhlinsassen befreit werden, ob die Sorgen der Frau um die Kinder begründet waren etc.

b) **♪ Hinweis:** *Bei dieser Form der Stellungnahme brauchst du keine Pro- und Kontra-Diskussion zu führen, es genügt eine sogenannte lineare Erörterung. Die Eingangsbehauptung („Auch in kleinen Gruppen müssen Regeln eingehalten werden.") wird nicht infrage gestellt, sondern vorausgesetzt. Deine Aufgabe ist es, sie mit Argumenten zu begründen. In der <u>Einleitung</u> stellst du einen (aktuellen) Bezug zum Thema her. Der <u>Hauptteil</u> enthält die Argumente, die nach Wichtigkeit geordnet werden. Stütze deine Argumente mit Fakten, Beispielen und eigenen Erlebnissen. Zum <u>Schluss</u> formulierst du ein abschließendes Gesamturteil, in dem deine persönliche Haltung deutlich wird. Es kann hilfreich sein, wenn du dir für den Hauptteil zuvor Stichpunkte notierst, auf die du dann deine Argumentation aufbaust.*

Mögliche Stichpunkte:
- Sinn von Regeln
  - bieten Sicherheit
  - erleichtern das Zusammenleben durch Orientierung
  - setzen Grenzen
  - sind für alle verbindlich
  - müssen sinnvoll und nachvollziehbar sein
  - Konsequenzen bei Regelverletzungen
- Beispiele für kleine Gruppen
  - Kindergarten: Verhaltensregeln
  - Familie: Pflichten, Aufgabenverteilung
  - Spielrunde: Spielregeln
  - Klasse: Gesprächsregeln, Verhaltensregeln

Wir wissen, dass man die Straße bei Grün überquert, klopfen an, bevor wir ein Zimmer betreten, und machen die Hausaufgaben, die uns aufgegeben werden, – meistens jedenfalls. Wir alle kennen diese und zahllose andere Regeln, akzeptieren sie und halten sie ein – meistens jedenfalls. Wir sind uns auch darüber im Klaren, dass die Nichtbeachtung von Regeln mitunter zu unangenehmen Konsequenzen führen kann. Auch das nehmen wir hin. Denn wir alle wissen: Ohne Regeln geht gar nichts.

> **Einleitung:** alltägliche Regeln, die allen bekannt sind, allgemeines Bewusstsein über die Notwendigkeit von Regeln

Was die Regierung für die Gesamtbevölkerung durch Gesetze festlegt, ist auch in kleinen Gruppen, in Familien, Sportmannschaften oder Schulklassen notwendig: ein verbindliches Regelwerk, nach dem sich alle Gruppenmitglieder richten

> **Hauptteil:** Regeln in kleinen Gruppen

D 2013-9

müssen. Schon im Kindergarten geht es los: 25 unterschiedliche kleine Persönlichkeiten mit den verschiedensten Interessen und Vorlieben müssen unter einen Hut gebracht werden. Ohne Regeln wäre das Chaos programmiert: Wer bekommt das Bobby-Car, das alle wollen? Wie viele Kinder können gleichzeitig in der Bauecke spielen? Wie verhält sich die Gruppe beim Zoo-Ausflug? usw. Schon die Kleinsten müssen lernen, Rücksicht auf andere zu nehmen, sich gegenseitig zu unterstützen, ihre eigenen Interessen zurückzustellen. Das ist zwar manchmal ein schmerzhafter Lernprozess, aber andererseits gibt das Gerüst aus verlässlichen Regeln auch Orientierung und Sicherheit. Wer die Regeln kennt, weiß auch, wo die Grenzen sind. Und er kann von anderen einfordern, sich ebenfalls an die Regeln zu halten. Auf diese Weise wird ein klarer Rahmen für das eigene wie auch für fremdes Handeln geschaffen und mancher Streit verhindert, da die Regel wie eine übergeordnete Befehlsgewalt ist.

Wenn in Familien die Haushaltpflichten klar verteilt sind, weiß jeder, was er zu tun hat, und kann sich gleichzeitig auf die anderen verlassen. Verlässlichkeit und Verbindlichkeit von Regeln sorgen auch in anderen Gruppen dafür, dass das Zusammenleben funktioniert. Keine Skatrunde, kein Würfelspiel würde Spaß machen, wenn sich nicht alle Beteiligten an die Regeln hielten. Dabei ist es egal, ob das Regelwerk wie beim Karten- oder Würfelspiel von außen festgelegt wird oder ob die Gruppe ihre „Gesetze" selbst schreibt.

So ist es in vielen Schulklassen inzwischen schon zum Ritual geworden, sich zu Beginn eines Schuljahres, wenn die Gruppe neu zusammengesetzt ist, eine eigene „Miniverfassung" zu geben, die von allen unterschrieben auf einem großen Plakat an der Wand des Klassenzimmers prangt. Dahinter steckt die Erkenntnis, dass Regeln, wenn sie auch manchmal unbequem sind, das Zusammenleben in der Gruppe erleichtern. Voraussetzung dafür ist, dass der Sinn der gemeinsam erstellten Regeln für alle einsichtig ist: Man lässt einander ausreden, damit Diskussionen nicht im Chaos enden; der Ordnungsdienst sorgt für eine saubere Tafel, damit der Unterricht ohne Verzögerung starten kann; alle kommen pünktlich, weil Zuspätkommer Störungen verursachen.

Ebenso wichtig wie der erkennbare Zweck von Regeln ist aber auch, dass die Konsequenzen für Regelverletzungen allen Gruppenmitgliedern klar sind und auch erfolgen müssen, weil sonst das Regelwerk in kurzer Zeit „aufgeweicht", also von niemandem mehr ernst genommen wird. Das heißt z. B., wer im Kindergarten nicht beim Aufräumen hilft, darf am nächsten Tag nicht mehr in die Bauecke; wer beim Würfelspiel mogelt, muss eine Runde aussetzen; wer sich am Pommesstand vordrängelt, muss ans Ende der Schlange; wer zu spät in den Unterricht kommt, muss beim dritten Mal einen Kuchen für die Klasse backen.

Umgang mit Regelverletzungen

Beispiele

Einerseits sind Regeln manchmal lästig, weil sie die persönlichen Entfaltungsmöglichkeiten des Einzelnen in manchen Situationen begrenzen und einen zwingen, auch immer die Interessen der Mitmenschen zu berücksichtigen; andererseits erleichtern sie das Zusammenleben erheblich, weil sie eine für alle verbindliche Richtlinie und Anleitung darstellen, wie man sich zu verhalten hat. Deshalb ist es meiner Meinung nach nötig, auch in kleinen Gruppen diese Grundsätze des Zusammenlebens einzuhalten: Rücksichtnahme, Toleranz, Einfühlungsvermögen und Höflichkeit, auf denen alle Regelwerke aufgebaut sind.

Schlussteil/ Zusammenfassung: Regeln als notwendige Grundlage für das Zusammenleben

> **Abschlussprüfung Deutsch an Realschulen in Hessen 2013**
> **Text 2**

Teil I: Lesen

1. a) ☒ Tierfilmer
   ✐ *Hinweis: vgl. Z. 17 f.*

   b) ☒ Thüringen
   ✐ *Hinweis: vgl. Z. 24 f.*

   c) ☒ ohne bleibenden Schaden schwierige Situationen meistert
   ✐ *Hinweis: vgl. Z. 37–41*

   d) ☒ Landvermesserin
   ✐ *Hinweis: vgl. Z. 82 f.*

   e) ☒ sich mit Werturteilen zurückzuhalten
   ✐ *Hinweis: vgl. Z. 126 f.*

   f) ☒ die körperliche Wahrnehmung
   ✐ *Hinweis: vgl. Z. 155 f.*

   Jede richtige Antwort ergibt einen Punkt. Kreuzt du mehrere Möglichkeiten an, wird kein Punkt vergeben.

2. a) ☒ alles gut wird
   ✐ *Hinweis: Diese Redewendung stammt aus dem Maurerhandwerk, wo man ein Richtlot benutzt, um sicherzustellen, dass die Mauer genau in der Senkrechten steht. Im übertragenen Sinn bedeutet es: Was ins Lot kommt, kommt in Ordnung, wird bereinigt.*

   b) ☒ sich als Kind in der Gegend herumtrieb
   ✐ *Hinweis: „Streunen" heißt, ohne Ziel in der Gegend herumzulaufen.*

   c) ☒ auf der Insel allein überleben wollte
   ✐ *Hinweis: Robinson Crusoe ist eine literarische Figur bei Daniel Defoe, die als Schiffbrüchiger mehrere Jahre allein auf einer Insel in der Karibik überlebte.*

D 2013-12

Jede richtige Antwort ergibt einen Punkt. Kreuzt du mehrere Möglichkeiten an, wird kein Punkt vergeben.

3.

Textstelle	Merkmal
Zeile 1–8	F
Zeile 117–120	D
Zeile 126–127	D
Zeile 134	A
Zeile 157–162	C

Hinweis: Für jede richtige Zuordnung gibt es einen Punkt.

A. Autorenkommentar: *In manchen Reportagen äußert der Autor seine eigene Meinung auf unmissverständliche Weise, d. h., er kommentiert das Geschehen oder einzelne Sachverhalte seines Artikels.*

B. Fazit: *Wenn am Ende des Artikels ein zusammenfassendes Ergebnis mit Schlussfolgerungen und Wertungen des Autors präsentiert wird, spricht man von einem Fazit.*

C. Zahlen, Daten, Fakten, Erläuterungen als Hintergrundwissen: *Reportagen sind anschauliche Hintergrundberichte, in denen die persönlichen Beobachtungen und Eindrücke des Journalisten durch wissenschaftlich abgesicherte Daten und Fakten ergänzt werden.*

D. Expertenmeinung: *Ein wichtiges Element von Reportagen: Der Autor zitiert direkt oder indirekt die Äußerungen von Fachleuten zum Thema.*

E. Vorspann/Teaser/Lead: *Manchen Reportagen wird als Orientierungshilfe und „Anreißer" für den Leser ein kurzer Text vorangestellt, der auf den Inhalt neugierig machen soll.*

F. Erlebnisorientierter Einstieg: *Häufig beginnen Reportagen auf diese Weise. Mit der Beschreibung einer packenden Szene wird der Leser auf lebendige Weise in die Thematik des Artikels eingeführt.*

4.

Zitat	Sprachliches Mittel
„Plötzlich ein dumpfer Schlag." (Z. 7)	Ellipse
„..., seine Beine sind wie gelähmt." (Z. 11)	Vergleich
„..., in Alaska und in der Serengeti, ..." (Z. 30)	Antithese
„..., der Berg an Arbeit ..." (Z. 51)	Metapher
„Drei Erfahrungen aus der Vergangenheit verbanden sie ..." (Z. 66 f.)	Inversion

✏ *Hinweis: Für jede richtige Zuordnung gibt es einen Punkt.*
Antithesen bestehen aus zwei gegensätzlichen bzw. einander widersprechenden Teilen, die einem gemeinsamen Oberbegriff zuzuordnen sind und einen Kontrast hervorheben. Es kann sich um einzelne Wörter, Satzteile oder ganze Sätze handeln. (Alaska/ Serengeti = einen geografischen Gegensatz ausdrückendes Begriffspaar, z. B. hinsichtlich Lage, Klima, Vegetation).
*Ist ein Satz grammatikalisch unvollständig, fehlt also ein wichtiger Teil des Satzes, spricht man von einer **Ellipse**. Man verwendet dieses rhetorische Mittel, um z. B. Schnelligkeit bzw. Hast zu vermitteln oder, wie in Zeitungsüberschriften, eine eindringliche Wirkung zu erzielen. Im angegebenen Beispielsatz fehlt das Prädikat/Verb (z. B. „Plötzlich ertönte ein dumpfer Schlag.").*
*Normalerweise ist in einem Hauptsatz die Reihenfolge der Satzglieder Subjekt – Prädikat – Objekt. Stellt man diese Reihenfolge um, damit die besondere Bedeutung eines Wortes oder Satzteils hervorgehoben wird, spricht man von einer **Inversion**. Der Satz im obigen Beispiel müsste in der üblichen Reihenfolge lauten: „Sie (Subjekt) verbanden (Prädikat) drei Erfahrungen aus der Vergangenheit (Objekt) ...".*
*Das Stilmittel **Metapher** dient dazu, etwas zu „verbildlichen". Dazu wird ein Wort oder eine Wortgruppe in einen anderen Bedeutungszusammenhang übertragen. Im vorliegenden Fall wird also der abstrakte Begriff „Arbeit" mit dem bildhaften Begriff „Berg" anschaulich gemacht.*
*Bei einem **Oxymoron** werden zwei gegensätzliche, einander ausschließende Begriffe verbunden, um die Mehrdeutigkeit eines Sachverhaltes deutlich zu machen (Bsp.: Hassliebe, alter Knabe). Die gegebenen Beispiele enthalten kein Oxymoron.*
*Um etwas zu veranschaulichen, benutzt man bildhafte **Vergleiche**. Dabei werden verschiedene Bereiche auf der Grundlage von Ähnlichkeiten verknüpft und mit „wie" verbunden. Der Zusammenhang ergibt sich in diesem Beispiel aus den ähnlichen Zuständen „sich nicht bewegen können" und „gelähmt sein".*

5. *Hinweis:* Der Auftrag „Zitiere die drei Beispiele aus dem Text ...“ bedeutet, dass du wirklich nur die richtigen Textstellen wörtlich abschreiben und die Zeilenzahl dazu angeben sollst. Eine Stellungnahme oder Bewertung wird nicht verlangt. Für jedes richtig genannte Beispiel gibt es einen Punkt. Wenn du die drei Beispiele in einem einzigen Zitat angibst (Z. 52–54), erhältst du ebenfalls die volle Punktzahl. Vergisst du, die Zeilenzahl dazuzuschreiben, wird jeweils ein halber Punkt abgezogen.

   – „Der eine zweifelt da an sich, ...“ (Z. 52 f.)
   – „... grübelt über die Ungerechtigkeit des Lebens ...“ (Z. 53 f.)
   – „... leidet, weil er sich wie in einer Falle fühlt.“ (Z. 54)

6. *Hinweis:* Bei dieser Anweisung („Nenne ...“) kannst du sowohl Zitate verwenden als auch Beispiele aus dem Text mit eigenen Worten wiedergeben. Zeilenangaben kannst du, musst du aber nicht dazuschreiben. In diesem Lösungsvorschlag sind die Zeilenzahlen angegeben, damit du die passenden Textstellen schneller findest. Für jede im Text genannte Ursache wird ein Punkt gegeben.

   Mögliche Lösungen (nur fünf erforderlich):
   – Ärger mit Vorgesetzten (Z. 50)
   – Beziehungsprobleme (Z. 51)
   – Überforderung am Arbeitsplatz (Z. 51 f.)
   – Zweifel an sich selbst (Z. 52)
   – Mangelnde Fähigkeit, sich an neue Bedingungen anzupassen (Z. 62 f.)
   – Schlechte Erfahrungen in der frühen Kindheit (Z. 99 ff.)
   – Fehlender Respekt vor sich selbst, Orientierung am Denken anderer (Z. 115 ff.)
   – Dauernde Bewertung von sich selbst und seiner Umgebung (Z. 126 f.)
   – Ausschüttung von Stresshormonen aufgrund negativer Gedanken (Z. 130 ff.)

7. a) *Hinweis:* Auch hier geht es darum, die jeweils passende Textstelle zu finden und mit Hinweis auf die Zeilenzahl, aber ohne eigenen Kommentar abzuschreiben. Da ausdrücklich jeweils ein ganzer Satz gefordert ist, reicht es nicht, nur den Satzanfang hinzuschreiben.

   Zustimmung zur Erziehung (nur ein Beispiel erforderlich):
   – „Aber sie handelte richtig.“ (Z. 88 f.)
   – „Denn mit jeder Erfahrung wuchs Andreas' Gewissheit, dass er auf sich selbst vertrauen konnte.“ (Z. 89–91)

   Kritik an der Erziehung:
   – „Ein bisschen verantwortungslos, könnte man sagen, nicht unbedingt ein Patentrezept, um Kinder stark zu machen.“ (Z. 86–88)

D 2013-15

b) ✏ *Hinweis: Bei dieser Aufgabe wird von dir erwartet, den scheinbaren Widerspruch, den die beiden Textstellen von Aufgabe 7 a) ausdrücken, mit eigenen Worten zu erklären bzw. aufzulösen.*

Mit seinem Kommentar „Aber sie handelte richtig." (Z. 88 f.) lässt der Autor des Artikels keinen Zweifel daran, dass er den Erziehungsstil von Andreas Kielings Mutter befürwortet. Er lässt diese Feststellung auch nicht als bloße Meinungsäußerung stehen, sondern begründet sie: „Denn mit jeder Erfahrung ..." (Z. 89 ff.). Mit dem scheinbar kritischen Satz „Ein bisschen verantwortungslos, könnte man sagen, ..." (Z. 86–88) drückt der Autor tatsächlich nicht seine eigene Meinung aus, sondern nimmt einen möglichen Einwand von Kritikern dieser Art der Erziehung vorweg, um ihn gleich darauf zu entkräften.

8. ✏ *Hinweis: Die Anweisung „Erkläre" bedeutet, dass es hier nicht mit dem Zitieren von Textstellen getan ist, sondern dass du zusätzlich erläutern sollst, inwiefern die gewählte Textstelle die Eingangsbehauptung begründet. Da jede passende Textstelle und jede nachvollziehbare Deutung dazu jeweils einen Punkt wert ist, müssen deine Erklärungen aber nicht allzu ausführlich sein.*

Mögliche Lösungen (nur drei erforderlich):

– Z. 8: „Andreas muss schräg ..." – Der Autor nennt Andreas Kieling vertraulich beim Vornamen wie einen Freund oder guten Bekannten.
– Z. 19 f.: „Wer ihm begegnet, erlebt einen souveränen Mann." – Der Autor ist beeindruckt vom Selbstbewusstsein Kielings.
– Z. 20 f.: „Einen, der leise spricht, freundlicher Blick, warme Stimme." – Der Autor empfindet Sympathie für Kieling.
– Z. 21 f.: „Der etwas Wunderbares ausstrahlt ..." – Der Autor beschreibt Kieling als eine charismatische Person.
– Z. 23: „... tiefe Ruhe. Innere Kraft." – Der Autor spricht bewundernd von der Gelassenheit Kielings.
– Z. 28–32: „Und auch nicht die vielen Situationen, die ... sie sich angegriffen fühlten." – Der Autor ist fasziniert vom mutigen Verhalten Kielings.

Teil II: Schreiben

II.A: Textproduktion (Wahlaufgabe)

a) *Hinweis: Schulischer Erfolg baut innere Stärke auf, schulischer Misserfolg zerstört sie – ist das auch deine Erfahrung oder bist du der Meinung, dass es keinen direkten Zusammenhang zwischen dem Erfolg in der Schule und der Persönlichkeitsentwicklung gibt? Die Aufgabe ist so formuliert, dass du nicht unterschiedliche Auffassungen einander gegenüberstellen und begründen kannst bzw. musst, sondern dich entscheiden und für oder gegen diese These argumentieren sollst.*
In der Einleitung greifst du die Fragestellung auf und führst zum Thema hin. Je nachdem, ob du die Eingangsbehauptung unterstützt oder ihr widersprichst, enthält der Hauptteil die Argumente, die für bzw. gegen die These sprechen. Ordne deine Argumente nach ansteigender Wichtigkeit und stütze sie mit lebensnahen Beispielen, z. B. mit eigenen Erfahrungen. Lege abschließend noch einmal deinen eigenen Standpunkt dar und begründe ihn zusammenfassend. Es kann dir helfen, wenn du dir für den Hauptteil zuvor Stichpunkte notierst, auf die du dann deine Argumentation aufbaust.

Gründe für den Zusammenhang zwischen schulischem Erfolg bzw. Misserfolg und Persönlichkeitsentwicklung:

Schulischer Erfolg
– fördert Selbstbewusstsein und innere Stärke
– zieht die Anerkennung von Lehrern und Eltern nach sich
– strahlt auf außerschulische Lebensbereiche aus
– ist die Voraussetzung für einen guten Beruf

Schulischer Misserfolg
– kratzt am Selbstwertgefühl
– vergiftet das Familienklima
– kann auf Dauer zu Depressionen führen
– löst Zukunftsängste aus
– führt zur Suche nach fragwürdiger Ersatzbestätigung
– führt zu eingeschränkter Berufswahlfreiheit und damit zu eingeschränkten Entfaltungsmöglichkeiten

In vielen Familien ist das Thema ein Dauerbrenner, beherrscht die Tischgespräche und beeinflusst die Stimmung: Die Noten in Klassenarbeiten und Zeugnissen. Aber sind sie wirklich so wichtig und ausschlaggebend für die Entwicklung der Persönlichkeit? Bauen gute Noten zwangsläufig innere Stärke und Selbstbewusstsein auf? Vieles spricht dafür, denn die meisten Kinder bekommen schon früh vermittelt, worauf es ankommt: Nur wer gute Leistungen in der Schule hat, kann es im Leben zu etwas bringen. Weil schon mit den ersten Bewertungen in der Grundschule dieses Bewusstsein geschaffen wird, orientiert sich das Selbstwertgefühl vieler Jugendlicher an einer Notenskala von Eins bis Sechs. Wer erinnert sich nicht an das Gefühl unbändigen Stolzes, als man die erste Eins oder Zwei zu Hause vorweisen konnte? An die Freude der Eltern und der Großeltern, an die Belohnung für diese Leistung? Und daran, welchen Antrieb, welchen Energieschub dieser Erfolg und das Lob bedeuteten? Mit jedem weiteren guten Zeugnis wuchs dann das Selbstbewusstsein und das Vertrauen darauf, dass man in dieser Welt bestehen kann.

Hat es dagegen einmal nicht geklappt mit der positiven Bewertung in der Schule, war die Reaktion der Umgebung ebenso eindeutig: ein wenig Trost zwar, aber auch viel Enttäuschung und die unmissverständlich ausgesprochene Erwartung, dass es beim nächsten Mal wieder besser werde. Zu diesen Erlebnissen vieler Kinder und Jugendlicher kommen außerdem noch die Noten und Zeugnisse der anderen hinzu, die der Geschwister, Klassenkameraden und Freunde, die zum Vergleich herangezogen werden. Sie bilden eine Rangliste, in die man eingeordnet wird – sei es als leuchtendes Beispiel, als mäßig beeindruckendes Mittelmaß oder schlimmstenfalls als Schlusslicht, das mit den anderen nicht mithalten kann.

All diese frühen Erfahrungen haben zur Folge, dass sich die Bewertungen für Einzelleistungen und das Zeugnis auf die gesamte Lebenseinstellung auswirken. Wer mit guten Noten aufwarten kann, erntet Anerkennung und traut sich auch im außerschulischen Umfeld neue, schwierige Aufgaben und

Einleitung:
Aktueller Bezug/
Fragestellung

Argumentation:
– frühe schulische
 Erfahrungen

– Reaktion des
 nahen Umfelds auf
 positive/negative
 Bewertungen

– Druck durch Leistungsvergleiche mit
 anderen Personen

→ Erfahrungswert:
 schulischer Erfolg wirkt
 verstärkend auf außerschulische Bereiche,
 trägt zu positivem
 Selbstbild bei

Herausforderungen zu: Man lernt ein Instrument, übernimmt ehrenamtliche Aufgaben, bewirbt sich für ein Auslandsschuljahr. Lehrerinnen und Lehrer trauen solchen Schülerinnen und Schülern ebenfalls mehr zu und übertragen ihnen Aufgaben mit Verantwortung, an denen ihre Persönlichkeit weiter wachsen kann: Klassenpatenschaft, Mitarbeit in der Streitschlichtergruppe oder bei der Hausaufgabenbetreuung. Die Familie und der Freundeskreis begegnen der „guten" Schülerin, dem „guten" Schüler mit Respekt und Wohlwollen, was sich wiederum stärkend auf das Selbstbewusstsein auswirkt.

Wer hingegen immer wieder die Erfahrung macht, dass seine Arbeitsergebnisse nur „ausreichend", „mangelhaft" oder gar „ungenügend" sind, reagiert zwangsläufig mit Selbstzweifeln und Versagensängsten. Bei vielen Schülern, auch solchen, die in der Grundschule durchaus gut „mithalten" konnten und dem Leben bis dahin mit Mut und Selbstbewusstsein begegneten, kommt in der siebten oder achten Klasse ein „Einbruch", verursacht z. B. durch neue, schwierige Fächer, andere, strengere oder nachlässigere Lehrer, Pubertätsprobleme, Familienkonflikte. Die Folge: schlechte Noten, Zoff zu Hause, allgemeine Frustration und schließlich Demotivation. „Schon wieder eine Fünf in Mathe! Was soll nur aus dir werden?" Dieser mal verzweifelt, mal wütend oder hilflos ausgestoßene Elternspruch ist für das Kind bzw. den Jugendlichen ein eindeutiges Signal, das Zukunftsängste auslöst und das Selbstwertgefühl einbrechen lässt. Es hinterlässt den Eindruck, dass die persönliche Qualität und der Wert, den man für die Umgebung darstellt, über die Schulnoten definiert werden.

Wer als schulischer Versager gilt, dem traut man auch sonst wenig zu und lässt ihn das spüren. Weil aber Bestätigung und Anerkennung wichtige Motoren für die Persönlichkeitsentwicklung sind, reagieren Jugendliche, die in der Schule keine Erfolgsaussichten sehen, häufig mit Rückzug. Sie fliehen z. B. in die virtuelle Welt, wo sie Helden sein können, oder suchen sich möglicherweise falsche Freunde, die den Abwärtstrend noch verstärken.

→ Erfahrungswert: andauernder schulischer Misserfolg kann sich negativ auf das Selbstwertgefühl auswirken

Argumentation:
– äußere Rahmenbedingungen wirken verstärkend bei schulischem Misserfolg

– Schulnoten als Maß für menschliche Qualität

– Folgen im außerschulischen Umfeld

Sicher gibt es noch andere Faktoren, die an der Persönlichkeitsbildung beteiligt sind. Und wer auch bei wiederkehrend schlechten Schulleistungen auf ein liebevolles und unterstützendes Umfeld vertrauen kann, entwickelt sicher auch ein positives Selbstbild. Meiner Meinung nach jedoch wirkt sich der schulische Erfolg oder Misserfolg weit mehr auf die Persönlichkeitsbildung aus als manch anderer Faktor, weil die Schulzeit einen so wichtigen und prägenden Teil des Lebens ausmacht: die Kindheit und Jugend.

Fazit, eigene Meinung: schulischer Erfolg/ Misserfolg ist maßgeblich für die Persönlichkeitsentwicklung, da Kindheit und Jugend besonders prägende Lebensabschnitte sind

b) ✒ *Hinweis: Die Anweisung „Erzähle ...“ bedeutet, dass du hier deiner Fantasie freien Lauf lassen darfst. Ob die Geschichte ausgedacht oder selbst erlebt ist, spielt keine Rolle, solange du beim Thema bleibst und die formalen sowie inhaltlichen Anforderungen an die Textsorte „Erzählung“ erfüllst.*
Einleitung: Du informierst über Zeit, Ort und die Figuren deiner Geschichte und du beschreibst die Ausgangssituation bzw. das Problem, das für deine Hauptfigur die Herausforderung darstellt.
Hauptteil: In einer deutlich erkennbaren Spannungskurve stellst du dar, wie die Hauptfigur sich der Herausforderung nähert und sie schließlich bewältigt.
Schluss: Im Abspann muss deutlich werden, dass sich das Leben der Hauptfigur auf Dauer zum Positiven verändert hat.

Bis zu 24 Punkte kannst du für eine solche klar gegliederte und inhaltlich überzeugende Erzählung bekommen. Eine treffende Überschrift gehört auch dazu. Weitere zwölf Punkte sind zu holen, wenn du
– die Zeitform richtig verwendest, d. h. nicht ständig das Tempus wechselst,
– die einmal gewählte Erzählperspektive einhältst,
– deine Figuren mit direkter und indirekter Rede zum Leben erweckst,
– deine Sätze abwechslungsreich konstruierst,
– treffende Formulierungen verwendest,
– Wiederholungen vermeidest.
Bei alledem solltest du auf Rechtschreibung, Grammatik und Zeichensetzung achten. Für solche Fehler kann es immerhin bis zu vier Punkte Abzug geben.

Das Konzert ihres Lebens

treffende Überschrift

„Leute, bleibt ihr bitte mal noch kurz da und hört zu?" Die gebieterische Stimme der Musiklehrerin unterbrach das vielstimmige Aufbruchsgeplapper und laute Stühlerücken, das das Ende der Stunde begleitete. Die Schülerinnen und Schüler der 10b, einige von ihnen schon auf dem Weg zur Tür, wandten sich der Lehrerin zu. „Ihr wisst, dass in drei Wochen unser Konzert zum Schuljubiläum stattfindet. Ich brauche den Chor zu ein paar Extraproben." Ein genervtes Stöhnen ging durch die Klasse. „Ja, ich weiß, ihr habt keine Lust, aber es muss sein. Wir wollen uns doch nicht blamieren! Also, morgen in der achten und neunten Stunde. Ich verlasse mich auf euch." Die Klasse murrte, während sie sich auf den Weg in die Pause machte. Das hatten sie jetzt davon, dass sie sich am Anfang des Schuljahres hatten überreden lassen, geschlossen in den Chor einzutreten. „Für eine bessere Note in Musik", hatte ihnen die Musiklehrerin, die auch die Klassenlehrerin der 10b war, damals versprochen. Nur Sophie stimmte nicht in das allgemeine Schimpfen ein. Sie freute sich über die zusätzlichen Chorproben. In den meisten Fächern war sie zum Leidwesen ihrer Eltern nur unterer Durchschnitt. Sie war zaghaft und schüchtern und meldete sich eigentlich nie im Unterricht, weil sie Angst hatte, etwas Falsches zu sagen. Nur im Chor fühlte sie sich sicher, konnte jede Melodie bereits fast fehlerfrei nachsingen, sobald Frau Trebusch sie auf dem Klavier vorgespielt hatte, und genoss es, wenn ein neu einstudierter Song endlich klappte. Und auch auf den Auftritt beim Schuljubiläum freute sie sich. Die ganze Klasse würde auf der Bühne stehen und einige Stücke aus dem Film „Die Kinder des Monsieur Mathieu" vortragen. Der Französischlehrer hatte sie beim Einüben der Lieder unterstützt, doch obwohl es schon recht schön klang, war noch viel Feinarbeit nötig. Alle merkten das am nächsten Nachmittag, nachdem sie das Programm einmal durchgesungen hatten. Frau Trebusch sparte nicht mit Kritik und trug ihrer Klasse auf, bis zur nächsten Chorprobe die CD mit den Liedern möglichst im Dauerbetrieb anzuhören. „Ach, und noch etwas, be-

Einleitung:
Information über Zeit, Ort, Personen und Ausgangssituation (Ende einer Schulstunde; Schule; Klasse, Lehrerin; Vorbereitung auf einen Konzertauftritt)

zusätzliche Informationen über die Hauptperson

vor ihr geht: Für „Caresse sur l'Océan" brauche ich jemanden als Solisten. Sophie, wie wär's?" Sophie schreckte aus
ihren Gedanken hoch. „Was? Ich? Wieso denn? Sie meinen
ganz allein? Vor allen Leuten?", stammelte Sophie. Sie fühlte, wie sie rot wurde, sich kleine Schweißtropfen auf ihrer
Stirn bildeten und die Schläfen und Wangen hinabperlten.
Gleichzeitig bemerkte sie, wie sich die Aufmerksamkeit der
Klassenkameraden auf sie richtete. Erstaunte, kritische, mit-
leidige Blicke – aber niemand schaute sie böse an. „Ja, ich
finde, du hast eine sehr schöne Stimme. Und so ein Solo
würde sich gut machen. Ihr kennt doch den Film. Ich trau dir
das zu. Kannst du gleich noch etwas länger bleiben? Dann
üben wir das mal." Die Stimme der Lehrerin drang wie durch
Watte zu Sophie durch. Und dann Felix: „Gute Idee! Ich finde auch, Sophie sollte das machen." Jessi setzte nach: „Klar,
Sophie kriegt das hin." Die anderen pflichteten Felix und
Jessica bei und ließen sie dann mit Frau Trebusch allein.
„Na, dann mal los", ermunterte die Lehrerin Sophie und begann, die Melodie auf dem Klavier zu spielen. Sophie setzte
ein und sang ihren Part, als hätte sie noch nie etwas anderes
gemacht. Frau Trebusch war sehr zufrieden. „Ich wusste,
dass du das kannst", sagte sie. „Ja, hier mit Ihnen. Aber vor
dem versammelten Publikum? Und wenn ich einen Fehler
mache?", flüsterte Sophie. „Dann machst du eben einen Fehler, keiner wird dich deshalb auslachen oder den Saal verlassen. Aber du wirst sehen, alle werden begeistert sein. Du
singst wirklich schön und kannst die Solostelle jetzt schon
fast perfekt vortragen. Noch zwei bis drei Übungsstunden,
und alles sitzt. Also Sophie, wir sehen uns morgen. Ciao."
Die Tage vor dem Konzert waren für Sophie die Hölle. Immer, wenn sie daran dachte, bekam sie weiche Knie und ein
flaues Gefühl im Magen. Bis kurz vor dem Auftritt ging es
ihr immer schlechter, sie fror und schwitzte abwechselnd und
ihre Hände zitterten heftig. Dann endlich war es so weit. Die
10 b stand auf der Bühne, um den Flügel gruppiert, auf dem
Frau Trebusch leise die ersten Takte anschlug. Sophie
wünschte sich, irgendein Zauber würde sie unsichtbar machen. Doch schon setzte die Klasse ein, sang die erste Stro-

Marginalien:

anstehende Heraus-
forderung für die
Protagonistin,
mangelndes Selbst-
vertrauen

Ermutigung durch das
Umfeld

Ängste und Vorbe-
halte der Hauptperson

**Spannungs-
steigerung:**
zunehmende Panik
vor dem Konzert,
der Druck nimmt zu

phe, wie sie es eingeübt hatten. Sophie fühlte den Blick von Frau Trebusch auf sich ruhen. Fast unmerklich hob die Lehrerin ihr Kinn und nickte ihr zu. „Dein Einsatz, Sophie!" Sophie öffnete den Mund, atmete tief ein, und plötzlich ging alles wie von selbst. Erst noch ein bisschen zittrig, aber nach einem weiteren aufmunternden Blick aus Frau Trebuschs Richtung entströmten Text und Töne immer sicherer und kräftiger ihrer Kehle. Ganz allein sang sie, ihre Stimme füllte die Aula, nur geführt von Frau Trebuschs zurückhaltender Klavierbegleitung. Am Ende applaudierte das Publikum voller Begeisterung, verlangte eine Zugabe, und Sophie schwebte wie auf Wolken. Ein nie gekanntes Glücksgefühl durchströmte sie.

Höhepunkt: Hauptperson überwindet ihre Ängste, stellt sich der Herausforderung und meistert sie

Dieser Abend veränderte Sophies Leben grundlegend. Von nun an stellte sie Fragen im Unterricht, konnte mit den anderen lachen, wenn sie beim Sport den Ball wieder nicht erwischte, und hatte auch keine Angst mehr davor, mal eine falsche Antwort zu geben. Wann immer Sophie glaubte, sich eine Aufgabe nicht zutrauen zu können, rief sie sich das Gefühl nach diesem Konzert in Erinnerung. Sie hatte gezeigt, dass sie etwas konnte, hatte ihre Ängste überwunden, Applaus und Lob geerntet. Und nicht nur der Gesang, sondern vor allem auch dieses Wissen und dieses Gefühl würden sie immer begleiten und ihr Kraft geben.

Schluss: Veränderung des Lebens der Hauptperson zum Positiven

D 2013-23

Abschlussprüfung Deutsch an Realschulen in Hessen 2013
Sprachliche Richtigkeit

II.B: Sprachliche Richtigkeit

1. ✒ *Hinweis: Falls du mehr als zwölf Fehler markierst, zählen die ersten zwölf. Für falsche Markierungen gibt es keinen Punktabzug.*

   ### Gleichstellung und Formulare

   Am Anfang stand ein Brief an das französische Bildungsministerium. ~~Darein~~ **Darin**[1] protestierten im letzten Jahr weibliche Universitätslehrkräfte gegen die Veröffentlichung von ~~Privaten~~ **privaten**[2] Daten. Besonders ~~ergerlich~~ **ärgerlich**[3] war in ihren Augen die ~~Auflisstung~~ **Auflistung**[4] ihres Mädchen- und Ehenamens und die Abfrage**, (fehlendes Komma)**[5] ob die Bewerberin auf eine Stelle verheiratet oder ledig ist. Zehn Tage nach dem Brief begannen zwei ~~femministische~~ **feministische**[6] Vereine eine Medienaktion mit dem Ziel, die Option „Fräulein" von Verwaltungsformularen zu ~~verbahnen~~ **verbannen**[7]. Der französischen Ministerin für Solidarität war es zu verdanken**, (fehlendes Komma)**[8] dass diese Forderung erhört wurde. Sie verlangte die Streichung der Angaben**, (fehlendes Komma)**[9] bei denen die Bewerberinnen zwischen „Frau" und „Fräulein" ~~Wählen~~ **wählen**[10] ~~musten~~ **mussten**[11]. Männer sind von dieser Unterscheidung ausgenommen! Man stellt sie nicht vor die Wahl, „Herr" oder „Herrchen" anzukreuzen. So trat das entsprechende Gesetz zur Abschaffung des ~~Kestchens~~ **Kästchens**[12] am 21. Februar 2012 in Kraft.

   nach Romy Straßenburg, Diane La Phung; http://www.fluter.de/de/110/thema/10283/ (8. 1. 13)

   ✒ *Hinweis: 1) darin – verwendet, um auf etwas vorher Beschriebenes hinzuweisen, hier: auf den Brief an das französische Bildungsministerium; umgangssprachlich oft verkürzt zu „drin" 2) privaten – Adjektiv zu Daten 3) ärgerlich – von „Ärger" abgeleitetes Adjektiv (auch von „arg" im Sinne von „schlecht") 4) Auflistung – kein Doppelkonsonant, da zwei verschiedene Konsonanten nach kurzem Vokal („i") (nur möglich, wenn Doppelkonsonant im Wortstamm, vgl. 11) 5) Komma zwischen Haupt- und Nebensatz (**indirekter Fragesatz**, eingeleitet mit der Konjunktion „ob") 6) feministische – Adjektiv zum Fremdwort „Feminismus" (= Frauenbewegung, die die traditionelle Rollenverteilung bekämpft) 7) verbannen – Doppelvokal nach kurz gesprochenem Vokal „a" (Dehnungs-h nur nach lang gesprochenen Vokalen) 8) Komma zwischen Haupt- und Nebensatz (**konjunktionaler Nebensatz**, eingeleitet mit der Konjunktion „dass")*

*9) Komma zwischen Haupt- und Nebensatz (**Relativsatz** mit Relativpronomen „denen", bezogen auf das Nomen „Angaben") 10) wählen – Verb, abgeleitet von „Wahl" 11) mussten – Doppelkonsonant hinter kurzem Vokal „u" wie im Wortstamm „muss-" bzw. „müss-" („müssen") 12) Kästchens – Verkleinerungsform von „Kasten"*

2.   *Hinweis: Für jede richtige Lösung wird ein Punkt vergeben. Bei mehr als vier eingekreisten Wörtern wird die ganze Aufgabe mit null Punkten gewertet.*

    a) Vom ⌒Ersten⌒ Tag an lief alles gut – so könnte es ruhig weitergehen.

      Hinweis: Das Zahlwort „ersten" wird hier als Adjektiv gebraucht, um das Nomen „Tag" zu erläutern.

    d) „Ich", sagte der Kanzlerkandidat, „⌒Habe⌒ keine Lust mehr".

      Hinweis: Der Redebegleitsatz ist mit Kommas in die wörtliche Rede eingebettet. Es gibt keinen neuen Satzanfang, deshalb wird das Hilfsverb „habe" kleingeschrieben.

    e) Am ⌒morgen⌒ fühlte sie sich schlapp.

      Hinweis: Zeitangaben, denen ein Artikel vorangestellt ist, werden großgeschrieben. Der Artikel versteckt sich in diesem Fall in „Am" = „An dem". (Merke: die Zeit früh am Tag: großgeschrieben „der Morgen"; der nächste Tag: kleingeschrieben „morgen")

    h) Er würde zum letzten Mal ⌒Kommen⌒ müssen.

      Hinweis: Verben, die nicht am Satzanfang stehen und nicht nominalisiert sind, werden kleingeschrieben.

3.

Satz	Begründung
Die Prüfung war schwer, doch er war sich sicher, dass er bestanden hatte.	B
Sie setzte sich im Bus auf einen anderen Platz, um ihn besser sehen zu können.	A
Erst werde ich eine Freundin besuchen, anschließend gehe ich ins Kino.	B
Nachdem er gegangen war, bemerkte er, dass er den Regenschirm vergessen hatte.	C
Sie fragte: „Ist es wahrscheinlich, dass es heute regnet?"	C

Hinweis: Satz 1: Es handelt sich um eine Satzreihe, die aus einem einfachen Hauptsatz („Die Prüfung war schwer") und einem Satzgefüge aus Hauptsatz („Doch er war sich sicher) und konjunktionalem Nebensatz (..., dass er bestanden hatte.) besteht. „Doch" gehört (wie „aber" und „denn") zu den nebenordnenden Konjunktionen, die einen Hauptsatz einleiten. Erkennbar ist der Hauptsatz im Zweifelsfall auch daran, dass das konjugierte Verb nicht am Ende steht.
Satz 2: Das Komma ist immer dann erforderlich, wenn die Wortgruppe, die den Infinitiv (hier: „zu können") enthält, mit „um", „ohne", „statt", „anstatt", „außer" oder „als" beginnt.
Satz 3: An der Reihenfolge der Satzglieder wird deutlich, dass es sich hier um zwei aufeinanderfolgende Hauptsätze handelt, die durch ein Komma getrennt werden: Zweimal steht das Prädikat an zweiter Stelle und nicht wie bei Nebensätzen am Ende.
Sätze 4 und 5: Die Konjunktion „dass" leitet immer einen Nebensatz ein.

4.

Satz	Strategie
Das parkende Auto war ein Hinder<u>nis</u> für den übrigen Verkehr.	A
Das Kleinkind war un<u>säg</u>lich enttäuscht.	C
Ich gehe über die Stra<u>ße</u>.	E
Die <u>Ent</u>scheidung war bereits getroffen.	A
Das Endspiel wird am Aben<u>d</u> ausgetragen.	B

Hinweis: Satz 1: Warum man Hindernis trotz kurzem „i" hinten mit einfachem „s" schreibt, findest du heraus, wenn du das Wort in seine Bestandteile zerlegst: Das Nomen setzt sich zusammen aus dem Wortstamm „Hinder-" (wie z. B. auch das Verb „hindern") und der Nachsilbe „-nis". Diese Nachsilbe schreibt man immer mit einfachem „s" (z. B. Ereignis, Geheimnis, ...).
Satz 2: Unsäglich, abgeleitet von „sagen".
Satz 3: Straße: Ein stimmloser (= zischend gesprochener) s-Laut nach einem lang gesprochenen Vokal („a") wird immer als scharfes „s" („ß") geschrieben.
Satz 4: Entscheidung: Zusammengesetzt aus der Vorsilbe „Ent-" und dem Nomen „Scheidung". (Nicht mit „d" geschrieben, da nicht die Bedeutung „Ende")
Satz 5: Durch Pluralbildung zu „Abende" verlängerbar, sodass Konsonant „d" zu hören ist.

Abschlussprüfung Deutsch an Realschulen in Hessen 2014

Text 1

Teil I: Lesen

1. a) ☒ vier Strophen

   Hinweis: Eine Strophe besteht aus mehreren Versen (= Zeilen im Gedicht), die einzelnen Strophen sind durch Abstände voneinander getrennt.

   b) ☒ Kreuzreimen

   Hinweis: Das Reimschema ist abab: weilen/ruhn/eilen/tun usw.

   c) ☒ sich die Frau keine Zeit für den Mann nimmt

   Hinweis: Vgl. V. 3 f.: „Du mußtest von mir eilen; / Du hattest viel zu tun."

   d) ☒ eine Liebesbekundung nicht erwidert wird

   Hinweis: Vgl. V. 7: „Du lachtest aus voller Kehle, [...]"

   e) ☒ weil die Frau den Mann nicht küssen möchte

   Hinweis: Vgl. V. 11 f.: „Und hast mir sogar verweigert / Am Ende den Abschiedskuß."

   f) ☒ der Mann diese Situation schon einmal erlebt hat

   Hinweis: Vgl. V. 15 f.: „Das alles, meine Süße, / Ist mir schon einmal geschehn."

   Du bekommst einen Punkt für jede richtige Antwort. Achtung: Wenn du mehrere Möglichkeiten ankreuzt, wird kein Punkt vergeben.

2. a) ☒ in der Nähe von jemandem sein

   Hinweis: Das altmodisch klingende Verb „weilen" oder auch „verweilen" steht für „sich aufhalten" oder auch „bleiben".

   b) ☒ sich entspannen

   Hinweis: Gemeint ist eigentlich „ausruhen" oder „zur Ruhe kommen". Das Wort „ruhen" oder sogar „ausruhen" auszuschreiben hätte aber die Metrik des Gedichtes gestört.

D 2014-1

c) [X] vollkommen

Hinweis: Abgeleitet vom nominal gebrauchten „zur Gänze", das heißt „in ganzem Umfang, vollständig". Im heutigen Sprachgebrauch würde man sagen „ganz" bzw. „ganz und gar".

d) [X] Ärger in Liebesdingen

Hinweis: „Verdruss" oder „Verdrießlichkeit" sind altmodische Begriffe für Missmut und Ärger.

Du bekommst einen Punkt für jede richtige Antwort. Achtung: Wenn du mehrere Möglichkeiten ankreuzt, wird kein Punkt vergeben.

Tipp: *Das Wörterbuch, das du während der Prüfung benutzen darfst, ist nicht nur bei Rechtschreibzweifeln eine gute Unterstützung. Es kann dir auch weiterhelfen, wenn du die Bedeutung eines Wortes nicht genau verstehst.*

3. a) [X] Nur B und C sind richtig.

Hinweis: Diese Aufgabe fragt nach bestimmten formalen Merkmalen des Gedichtes.

__Hebungen und Senkungen__ entsprechen der Abfolge von __betonten und unbetonten Silben__ in einem Vers. Die __Aussagen A und B__ betreffen also das gleiche Merkmal: Eine betonte Silbe entspricht einer Hebung, eine unbetonte einer Senkung in der Sprechmelodie. Du erkennst diese Abfolge am besten, wenn du das Gedicht laut (in der Prüfung natürlich eher leise) für dich aufsagst, z. B. anhand der Verse 3 und 4 (Hebungen unterstrichen):
„Du mußtest von mir eilen;
Du hattest viel zu tun."
Wie du siehst, gibt es in jedem Vers drei betonte Silben. Damit kann Aussage A nicht richtig sein.

Auch die __Aussagen C und D__ fragen beide das gleiche Merkmal ab, nämlich die Betonung der letzten Silbe eines Verses (= Kadenz): Von __weiblichen Vers-Enden__ spricht man, wenn die letzte Silbe __unbetont__ ist, z. B. in „Du mußtest von mir eilen." Da der folgende Vers auf eine __betonte__ Silbe endet („Du hattest viel zu tun.") und damit als __männliches Vers-Ende__ bezeichnet wird, ist klar: Antwort C ist richtig.

D 2014-2

b) ☒ Nur A und D sind richtig.

*✏ **Hinweis:** Bei dieser Aufgabe musst du vier Fachbegriffe der Verslehre kennen:*
***Enjambement** (= Zeilensprung): Damit ist gemeint, dass ein Satz am Ende des Verses nicht abgeschlossen ist, sondern in die folgende Verszeile übergreift. Besonders deutlich wird das z. B. in den Versen 5/6:*
„Ich sagte, daß meine Seele
Dir gänzlich ergeben sei;"
*Auch die anderen Strophen weisen jeweils einen solchen Zeilensprung auf. 1. Strophe: Verse 1/2, 3. Strophe: Verse 9/10 und 11/12, 4. Strophe: Verse 15/16. Damit stimmt **Aussage A:** Es gibt in jeder Strophe (mindestens) ein Enjambement. Lass dich übrigens nicht davon irritieren, dass jeder Vers mit einem Großbuchstaben beginnt, das ist eine Eigenart vieler Gedichte.*

***Jambisches Versmaß:** Das Versmaß bezeichnet die Verteilung von betonten und unbetonten Silben in einem Gedicht. Eines der wichtigsten Versmaße ist der Jambus/das jambische Versmaß. Dabei folgt auf eine **unbetonte Silbe** eine **betonte Silbe** (Senkung/Hebung), z. B. „Ich <u>woll</u>te <u>bei</u> dir <u>wei</u>len". In Heines Gedicht ist das Versmaß zwar überwiegend jambisch, aber nicht durchgehend. Ausnahmen bilden etwa die Verse 2 und 13. Deshalb ist **Aussage B** falsch.*

***Lyrisches Ich:** Wenn der Verfasser eines Gedichtes eine fiktive, also erfundene Figur in der Ich-Form sprechen lässt, bezeichnet man diese Figur als „lyrisches Ich". (Diese Figur ist nicht mit der Person des Dichters gleichzusetzen!) In Heines Gedicht wird durchweg aus der Sicht nur einer Person, des Mannes, gesprochen. Es gibt also nur ein lyrisches Ich und **Aussage C** ist falsch.*

***Kehrreim:** Wenn sich in einem Gedicht oder einem Lied Verszeilen mehrfach wiederholen, also wieder**kehren**, spricht man von einem Kehrreim. Bekannt ist dir dieses Merkmal möglicherweise unter dem französischen Begriff „Refrain". Im vorliegenden Gedicht gibt es keine Wiederholungen, deshalb ist **Aussage D** richtig.*

Du bekommst zwei Punkte für jede richtige Antwort. Achtung: Wenn du mehrere Möglichkeiten ankreuzt, wird kein Punkt vergeben.

4.

Zitat	Sprachliches Mittel
„... an deiner Seite ruhn; / Du mußtest von mir eilen;" (Z. 2 f.)	Antithese
„Du mußtest von mir eilen; / Du hattest viel zu tun." (Z. 3 f.)	Anapher
„..., daß meine Seele / Dir gänzlich ergeben sei;" (Z. 5 f.)	Personifikation
„..., meine Süße," (Z. 15)	Ironie

*✎ **Hinweis:** Unter einer **Antithese** versteht man eine Gegensatzbildung inner-halb einer Sinneinheit. In diesem Beispiel ergibt sich der Gegensatz zwischen den Verben „ruhn" und „eilen".*
*Wenn aufeinanderfolgende Sätze bzw. Verse mit demselben Wort oder derselben Wortgruppe beginnen (hier: „Du"), bezeichnet man das als **Anapher**. Mit dieser rhythmischen Wiederholung wird die Bedeutung des Gesagten erhöht. <u>Achtung</u>: Die Anapher wird häufig mit der Alliteration verwechselt. Bei einer Alliteration handelt es sich um eine Klangfigur: Nicht die Anfangswörter von Sätzen, son-dern die Anlaute (und damit meist auch die Anfangsbuchstaben) mehrerer auf-einanderfolgender Wörter stimmen überein. (Bsp.: Klaus knackt kleine Kirsch-kerne.)*
*Von einer **Personifikation** spricht man, wenn unbelebte Dinge oder abstrakte Begriffe mit menschlichen Eigenschaften oder Fähigkeiten ausgestattet werden (hier: die Seele).*
***Ironie** ist ein gängiges Stilmittel der Satire: Kritik oder Spott wird humorvoll verpackt, indem man das Gegenteil von dem sagt, was man eigentlich meint. „Meine Süße" in Heines Gedicht ist, nach dem Inhalt der vorangegangenen Verszeilen, nicht wörtlich, sondern ironisch zu verstehen.*

5. *✎ **Hinweis:** Die Anweisung „Nenne ..." bedeutet, dass du kurz und stichwort-artig antworten kannst. Zum Beispiel genügt es, die richtige Textstelle abzu-schreiben und die Zeilenzahl anzufügen. Für jeden richtigen Hinweis, ob als Zitat oder eigene Formulierung, gibt es zwei Punkte. Ohne den Hinweis auf die Verszeile gibt es keinen Punkt. (Die hier gegebenen Erläuterungen dienen nur zu deinem Verständnis und sind kein notwendiger Bestandteil der Antwort.)*

D 2014-4

– V. 8: „Und machtest 'nen Knicks dabei."

Hinweis: *Früher war es üblich, dass Mädchen und Frauen zur Begrüßung und zur Verabschiedung einen Knicks vor älteren bzw. ranghöheren Personen machten, um ihnen Respekt und Ehrerbietung zu bezeugen.*

– V. 15: „meine Süße"

Hinweis: *Mit dieser Anrede kann nur eine weibliche Person gemeint sein.*

6. *Hinweis:* *Auch hier ist der Textbezug, das heißt die Erwähnung passender Verszeilen, absolut notwendig. Zudem bedeutet die Aufforderung „Erkläre ...", dass du die Bedeutung der von dir ausgewählten Textstellen mit eigenen Worten wiedergeben sollst. Dabei darfst du Zitate verwenden, musst es aber nicht. Für jede schlüssige Erklärung werden drei Punkte vergeben. Wenn du eine passende Textzeile zitierst, deine Erklärung aber nicht nachvollziehbar ist, gibt es nur einen Punkt. Interpretationen ohne Textverweis werden mit null Punkten gewertet.*

Mögliche Lösungen (zwei erforderlich):
– V. 3/4: „Du mußtest von mir eilen; / Du hattest viel zu tun."
  Diese Verse sind so zu verstehen, dass der Frau andere Dinge wichtiger sind, als ihre Zeit gemeinsam mit dem lyrischen Ich zu verbringen.
– V. 7/8: „Du lachtest aus voller Kehle, / Und machtest 'nen Knicks dabei."
  Die Frau macht sich über das lyrische Ich lustig und verspottet es: Sie lacht den Mann aus, als er ihr seine Liebe gesteht. Der Knicks, der eigentlich Respekt ausdrückt, ist hier nicht ernst gemeint und zieht die Situation zusätzlich ins Lächerliche.
– V. 11/12: „Und hast mir sogar verweigert / Am Ende den Abschiedskuß."
  Das bedeutet, dass die Frau nach Beendigung der Beziehung noch einmal deutlich macht, wie wenig ihr an der Zuneigung des lyrischen Ichs liegt. Sie verweigert sich der körperlichen Berührung, die mit einem Kuss verbunden wäre, und zeigt damit deutlich ihre distanzierte Haltung zu den Gefühlen des Mannes.

7. *Hinweis:* *Noch ein bisschen tiefer gehend als eine Erklärung ist eine Erläuterung. Das erkennst du schon daran, dass hier nur eine Textstelle ausgewählt werden soll, die mit bis zu vier Punkten bewertet wird. Zusätzlich bedeutet die Formulierung „... für dich ..." in der Aufgabenstellung, dass es keine richtige oder falsche Antwort gibt, sondern deine persönliche Einschätzung gefragt ist.*

D 2014-5

Wenn du deine Entscheidung nachvollziehbar begründen kannst, das heißt, wenn die von dir gewählte Textstelle einen Bezug zur Frage hat und plausibel erläutert wird, erhältst du die volle Punktzahl. Beschränkst du dich auf das Zitieren oder die Nennung einer passenden Textstelle, gibt es nur einen Punkt. Erläuterungen ohne ausdrücklichen Textbezug werden nicht gewertet, auch wenn sie noch so gelungen sind.

Mögliche Lösungen (nur eine erforderlich):
– Meiner Meinung nach wird in diesem Gedicht das Scheitern einer Beziehung beschrieben. Deutlich wird das in der dritten Strophe: „Und hast mir sogar verweigert / Am Ende den Abschiedskuss." (V. 11/12) Wenn das lyrische Ich von einem „Ende" spricht, muss es vorher etwas gegeben haben, was nun beendet wurde. Hätte vorher keine Beziehung zwischen beiden bestanden, gäbe es auch keinen Grund für das lyrische Ich, vom „Ende" zu sprechen und einen Abschiedskuss zu fordern.
– Ich denke, dass es in diesem Gedicht darum geht, dass ein Verehrer erfolglos bleibt. Es sind keine Hinweise auf eine feste Partnerschaft zwischen den Figuren zu finden. Nachdem das lyrische Ich in den ersten drei Strophen seine erfolglosen Annäherungsversuche beschreibt, macht es in der letzten Strophe deutlich, dass es seine Absichten leichten Herzens aufgibt und die ganze Sache „abhakt". Auch kann es offenbar gut mit der Situation umgehen, weil es nicht zum ersten Mal „abgeblitzt" ist: „Glaub nicht, daß ich mich erschieße, / [...] / Ist mir schon einmal geschehn." (V. 13–16)

8. *Hinweis: Für die schlüssige Erklärung einer Textstelle gibt es vier Punkte. Das Gedicht bietet mehrere Möglichkeiten, die Aufgabe zu lösen. Es genügen Textbezüge, du musst nicht wörtlich zitieren.*

Mögliche Lösungen (nur eine erforderlich):
– In der letzten Strophe wechselt die Zeitform von der Vergangenheit in die Gegenwart. Für mich ist damit deutlich, dass die Beziehung vom lyrischen Ich rückblickend dargestellt und damit gleichzeitig als beendet empfunden wird.
– In der dritten Strophe spricht das lyrische Ich von „Liebesverdruß" (V. 10), der „gesteigert" (V. 9) wird. Die Beziehung ist also nicht von Zuneigung geprägt, sondern von Ärger, Sorge und Traurigkeit.
– In der letzten Strophe vergleicht das lyrische Ich die Situation mit anderen gescheiterten Beziehungen. Damit wird deutlich, dass das Ende der Liebe endgültig ist.

9. ✏ *Hinweis: Du kannst dieser Aussage zustimmen oder sie ablehnen, entscheidend ist auch hier die nachvollziehbare Begründung deiner Haltung und der Beleg mit einer passenden Textstelle, um die vollen vier Punkte zu erhalten.*

Mögliche Lösungen (nur eine erforderlich):
- Das lyrische Ich scheint ziemlich wütend über die Situation zu sein. Deutlich wird das an den nachdrücklich gesprochenen oder auch gerufenen Versen 13 und 14: „Glaub nicht, daß ich mich erschieße, / Wie schlimm auch die Sachen stehn!" Das Ausrufezeichen drückt aus, dass das lyrische Ich auf die Situation nicht mit Trauer und Resignation reagiert, sondern seinem Ärger Luft macht.
- Die scheinbar freundliche, tatsächlich aber ironisch gemeinte Bezeichnung „meine Süße" in Vers 15 ist meiner Meinung nach ein deutlicher Hinweis auf die Wut des lyrischen Ichs. Eigentlich würde es die Frau lieber beschimpfen, verkneift sich das aber und weicht auf die ironische Anrede aus.
- Das lyrische Ich ist meiner Meinung nach nicht wütend, sondern scheint sich mit der Situation abgefunden zu haben. Der gelassen ausgesprochene Schlusssatz „Das alles, meine Süße, / Ist mir schon einmal geschehn." (V. 15/16) macht deutlich, dass die Person über der Sache steht und die Abweisung für sie nichts Besonderes ist. Das lyrische Ich rechnet nicht ab, sondern zieht eher eine nüchterne Bilanz.

Teil II: Schreiben

II.A: Textproduktion (Wahlaufgabe)

a) ✏ *Hinweis: Für die Textproduktion lohnt es sich, die Anforderungen an **Form** und **Inhalt** zu beachten – immerhin werden dafür 40 Prozent der Gesamtpunktzahl vergeben.*
*Davon entfallen auf die **inhaltliche Gestaltung** bis zu **24 Punkte**. Außer einer **treffenden Überschrift** wird dafür eine inhaltlich **klare Gliederung** deiner Geschichte in Einleitung, Hauptteil und Schluss erwartet. Bestandteil der **Einleitung** sind Informationen über Zeit und Ort der Handlung und über die Personen, um die es geht. Der **Hauptteil** schildert auf plausible Weise die Entstehung der Krise bis zum Höhe- oder Wendepunkt. Ob am **Schluss** deine Geschichte ein Happy End hat, tragisch oder offen endet, kannst du frei entscheiden. In jedem Fall sollte ein durchgehender „**roter Faden**" erkennbar sein, die einzelnen Schritte der Handlung sich also folgerichtig aufeinander beziehen.*

*Weitere **zwölf Punkte** gibt es für die sogenannte **Sprachangemessenheit**. Dazu gehören die konsequente Verwendung einer passenden Zeitform (bei erzählenden Texten am besten die Formen der Vergangenheit, insbesondere das Präteritum, bei Vorzeitigkeit Plusquamperfekt), eine durchgehaltene Erzählperspektive, direkte und indirekte Rede der handelnden Personen und abwechslungsreiche Formulierungen.*
*Die **Sprachrichtigkeit**, d. h. Rechtschreibung, Grammatik und Zeichensetzung, wird mit insgesamt **vier Punkten** gewertet. Die Punktzahl richtet sich nach dem Fehlerindex, der auf der Zahl der geschriebenen Wörter basiert. Trau dich also, einen langen Text zu schreiben!*

Leas Entscheidung

„Oh nein, nicht schon wieder!" Ärgerlich starrte Lea auf das Display ihres Smartphones und las noch einmal die SMS: „notfall am see. komme später. grüße an m, kuss l". Seit Tagen hatte sie sich auf den Abend bei Matze gefreut. Der hatte einen Beamer organisiert und die ganze Clique eingeladen, das Halbfinalspiel der Fußball-WM bei ihm im Garten zu schauen. Der Juliabend war warm, der Himmel wolkenlos, Sternenhimmel und ein buttergelber Fast-Vollmond würden eine perfekte Kulisse abgeben. Getränke und Grillgut standen bereit, Lea hatte sogar einen Kuchen für alle gebacken. Aber ohne Lars war das alles nur halb so schön.

Eigentlich fand sie es ja gut, dass er sich bei den Rettungsschwimmern engagierte, aber musste er ausgerechnet dann Dienst haben, wenn sie etwas vorhatten? Es war ja nicht das erste Mal, dass ihm seine ehrenamtliche Arbeit am Badesee wichtiger war als ihre gemeinsamen Unternehmungen. Und wenn Lea darüber meckerte, schien er überhaupt kein Verständnis für sie zu haben. „Das sind doch nur die paar Wochen jetzt im Sommer!", hatte er sie vertröstet. „Wenn das neue Schuljahr anfängt und das schöne Wetter vorbei ist, können wir wieder mehr zusammen machen." Als ob das ein Trost wäre! Gerade wegen des schönen Wetters und weil die Prüfungen und damit das Schuljahr vorbei waren, hätten sie eigentlich jede Menge Zeit füreinander gehabt. Stattdessen spielte Lars fast jeden Nachmittag „Baywatch" am See und schien sie gar nicht zu vermissen.

Seitenrand:

Treffende Überschrift

Einleitung
Informationen über Personen, Ort, Zeit und Ausgangssituation

Hauptteil
Zusätzliche Informationen über die Hauptpersonen Lars und Lea und über ihre bisherige Beziehung

Am Anfang war sie immer mitgekommen, um in seiner Nähe zu sein, aber das war ihr bald langweilig geworden. Entweder saß er auf seiner Aufsichtsplattform oder patrouillierte im roten Schlauchboot über den See, immer umschwärmt von einer Schar kichernder Badenixen aus dem siebten und achten Schuljahr. Lars hatte ihr auch vorgeschlagen, ebenfalls die Ausbildung zur Rettungsschwimmerin zu machen, aber dazu hatte sie keine Lust. Ewig diese nassen Klamotten, und wie die Haare dann immer aussahen … Nein, das war kein Hobby für sie, das wusste sie genau.

Gründe für die Krisensituation: unterschiedliche Vorstellungen der Freizeitgestaltung

Sie schaute auf die Uhr. Nach neun schon. Wer weiß, wann er kommen würde … Es blieb ihr nichts übrig, als schon mal allein zu Matze zu gehen. Um zehn sollte das Spiel beginnen, die Sonne kullerte schon ziemlich rot Richtung Horizont. Wütend schnitt Lea den Kuchen in kleine Stücke und schichtete sie vorsichtig in den Plastikbehälter. Dann ein kurzer Blick in den Spiegel, der ihr signalisierte: Sie sah, wie immer, klasse aus. Alle bestätigten ihr das fast jeden Tag aufs Neue, nur Lars schien es nicht zu bemerken, sonst würde er sich doch mehr um sie kümmern, oder? Wer weiß, was der wahre Grund für seine Verspätung war! Sie beschloss, ihn noch heute vor die Entscheidung zu stellen: entweder der Job am See oder sie.

Spannungssteigerung: Wird Lars Lea versetzen oder es doch noch schaffen?

Zuspitzung der Konfliktsituation: Verärgerung und Entschluss Leas

Den ganzen Abend musste sie daran denken, was sie zu Lars sagen würde, vom Spiel bekam sie fast nichts mit. Immer wieder schaute sie zur Gartentür, ob ihr Freund nicht endlich eintrudeln würde, oder sie lauschte, ob sie seinen Roller auf der Straße hörte. Als er endlich auftauchte, war die zweite Halbzeit schon fast vorbei. Lars wirkte erschöpft und reagierte einsilbig auf die überschwängliche Begrüßung der Clique, die sich seit fast zwei Stunden in Stimmung getrunken hatte. Als Lea ihn anzischte: „Wo warst du so lange?", schaute er sie müde und erstaunt an. „Hast du denn meine SMS nicht bekommen? Wir hatten einen Notfall. Ein kleiner Junge ist fast ertrunken. Wir haben ihn aus dem Wasser geholt und beatmet, bis der Rettungsdienst kam. Er ist noch nicht über den Berg. Nachher will ich noch mal in die Klinik. Willst du vielleicht mitkommen?"

Spannungssteigerung: zunehmende Ungeduld Leas

Höhepunkt / Wendepunkt: Begründung für Lars' Fernbleiben

Lea schämte sich entsetzlich. Sie hatte die SMS gar nicht richtig gelesen und nur an sich gedacht. Sie nahm Lars in die Arme, merkte, wie er zitterte. „Klar komme ich mit. Ich bin stolz auf dich! Und beim nächsten Rettungslehrgang bin ich dabei, das verspreche ich dir", flüsterte sie.

Schluss
Lea erkennt ihr egoistisches Verhalten und beschließt, sich zu ändern

b) ✏ **Hinweis:** *Manchmal darf man Emotionen zeigen, manchmal ist Zurückhaltung angezeigt – aber eine allgemeingültige Verhaltensanweisung bezüglich persönlicher Gefühlsäußerungen gibt es eigentlich nicht. Wann was angebracht ist – mit dieser Frage sollst du dich in deinem Text auseinandersetzen.*

*Die Aufgabe entspricht dabei in Aufbau und Stil einer **Erörterung**, das heißt, deine eigene Einschätzung mit Begründung und Beispielen ist gefragt. Es gibt dabei keine richtige oder falsche Lösung, sondern es kommt auf eine plausible, also einleuchtende Argumentation und überzeugende Beispiele an.*

*In der **Einleitung** greifst du die Fragestellung auf und führst zum Thema hin. Anschließend argumentierst du im **Hauptteil**, wann Gefühle offen gezeigt werden dürfen und in welchen Situationen eher ein kontrollierter Umgang passend ist. Alle Argumente erlangen erst mit passenden Beispielen Überzeugungskraft.*

*Im **Schlussteil** fasst du deinen eigenen Standpunkt mit dem für dich wichtigsten Argument noch einmal in einem Satz zusammen.*

Wenn Aufbau und Inhalt gelingen, gibt es bis zu 24 Punkte.

*Weitere zwölf Punkte gibt es für die sogenannte **Sprachangemessenheit**. Dazu gehören die Verwendung der richtigen Zeitform (Präsens, bei Vorzeitigkeit Perfekt), treffende Formulierungen und eine passende Wortwahl ohne viele Wiederholungen sowie Abwechslung im Satzbau.*

*Für die richtige Anwendung von **Rechtschreibung, Grammatik** und **Zeichensetzung** werden vier Punkte vergeben, die mithilfe des Fehlerindex errechnet werden (Rechtschreibung und Grammatik: ganze Fehler; Zeichensetzung: halbe Fehler). Das bedeutet, dass die Fehlermenge immer auf die Textlänge, d. h. die Wörterzahl deines Aufsatzes bezogen wird. Also Mut zu ausführlichen Texten!*

Gefühle zeigen – ja oder nein?

„Geteiltes Leid ist halbes Leid", „geteilte Freude ist doppelte Freude" heißen zwei bekannte Sprichwörter. Ist es also normal und sogar wünschenswert, seine Gefühle immer offen zu zeigen?

Treffende Überschrift

Einleitung
Fragestellung und Hinführung zum Thema

D 2014-10

Jeder hat wohl schon einmal die Erfahrung gemacht, dass man mit unglücklichen Gedanken und Gefühlen besser fertig wird, wenn man nicht versucht, sie zu verbergen, sondern sie anderen mitteilt und sich Trost von nahestehenden Menschen holt. Über Liebeskummer hilft die Anteilnahme der besten Freundin oder des besten Freundes hinweg, der Ärger über die fiesen Sprüche einer Mitschülerin oder die als ungerecht empfundene Bewertung in der Klassenarbeit lassen sich besser ertragen, wenn liebe Menschen einem beistehen und für einen Partei ergreifen. Auch wer seine Ängste zugibt, z. B. vor einer Prüfung oder einer Präsentation, wirkt meiner Ansicht nach ehrlicher und damit sympathischer als jemand, der scheinbar cool über allem steht. Genauso wirken auch positive Gefühle, wenn man sie offen zeigt, ansteckend und lassen die Personen in der Umgebung meist nicht kalt, z. B. die Freude über einen Erfolg oder ein schönes Geschenk, der Stolz wegen eines Lobs, die Vorfreude auf ein anstehendes Ereignis, das Glück bei einer neuen Liebe. Meistens ist es also völlig in Ordnung, andere daran teilhaben zu lassen, wie es gerade in einem aussieht, und oft wirkt sich das sogar positiv aus.

Es gibt jedoch auch Situationen, in denen es meiner Meinung nach besser ist, seine Empfindungen für sich zu behalten und kontrolliert aufzutreten. Das gilt besonders dann, wenn negative Gefühle wie Neid und Eifersucht im Spiel sind, die einen leicht zu unbedachten Äußerungen verleiten können. Der Vordermann schnappt sich das letzte Stück Kuchen, das man selber im Auge hatte, die begehrte Rolle im Theaterstück bekommt jemand anderes, eine Verabredung wird im letzten Moment abgesagt oder verschoben – wer in solchen Fällen vorschnell und sehr emotional reagiert, läuft Gefahr, respektlose oder verletzende Äußerungen von sich zu geben, die man später zwar bereut, aber nicht mehr zurücknehmen kann. Auch wenn man sich in solchen Fällen zurückgewiesen oder herabgesetzt fühlt, ist es meiner Meinung nach besser, seinen Ärger zunächst hinunterzuschlucken und nach außen hin souverän zu bleiben. Nicht selten stellt sich später nämlich heraus, dass die vermeintliche Zurückweisung gar

Hauptteil, Teil I
Situationen, in denen man seine Gefühle offen zeigen kann

→ negative Gefühle
Beispiele:
• Liebeskummer
• Kränkung
• Prüfungsangst

→ positive Gefühle
Beispiele:
• Freude
• Stolz
• Vorfreude
• Verliebtheit
Zwischenfazit

Hauptteil, Teil II
Situationen, in denen man seine Gefühle kontrollieren sollte

→ vor allem negative Gefühle
Beispiele:
• Neid
• Eifersucht

Gründe, diese Gefühle zu unterdrücken: emotionale Reaktionen oft unbegründet, können viel zerstören, sind nicht leicht wieder gutzumachen

nicht persönlich gemeint war. Dann steht die zerstörende Wirkung der spontanen Reaktion in keinem Verhältnis zur Ursache. Seine Gefühle im Zaum halten sollte man meiner Meinung nach auch dann, wenn man einzelnen Mitmenschen in seiner unmittelbaren Umgebung starke Abneigung entgegenbringt. Es ist ganz normal, wenn die Chemie zwischen Kollegen, Klassenkameraden oder auch Nachbarn mal nicht stimmt. Trotzdem muss man am Arbeitsplatz, in der Schule oder in seiner Wohnumgebung miteinander auskommen und sich gegenseitig unterstützen. Wenn man Menschen in seiner Nähe unsympathisch findet, sollte man sie das deshalb nicht unbedingt spüren lassen. Das erzeugt schlechte Stimmung, unter der dann alle leiden.

Weiteres Beispiel:
• *Abneigung*

Grund, dieses Gefühl zu unterdrücken: Antipathien vergiften das Klima

Ich denke jedoch, für die meisten Situationen gilt, dass sich jeder so geben sollte, wie er ist, und auch zeigen darf, wenn es ihm einmal nicht gut geht. Wer nämlich ständig seine Gefühle unterdrückt und immer nur cool sein will, wirkt auf seine Umgebung kalt und unnahbar, vor allem nicht ehrlich und glaubwürdig.

Schluss
in den meisten Situationen: Gefühle zeigen
→ wirkt authentisch

Abschlussprüfung Deutsch an Realschulen in Hessen 2014
Text 2

Teil I: Lesen

1. a) ☒ private Unterkünfte

   ✐ *Hinweis: vgl. Z. 21–26*

   b) ☒ alle unterschiedliche Preise

   ✐ *Hinweis: vgl. Z. 45–49*

   c) ☒ rund 125 000 Hotelbetten

   ✐ *Hinweis: vgl. Z. 53*

   d) ☒ die überwiegende Zahl der Angebote Wohnungen

   ✐ *Hinweis: vgl. Z. 64*

   e) ☒ Mieter Untervermietungen beim Vermieter melden müssen

   ✐ *Hinweis: vgl. Z. 68 f.*

   f) ☒ sie Brandschutzauflagen nicht erfüllt haben

   ✐ *Hinweis: vgl. Z. 114–117*

   Du bekommst einen Punkt für jede richtige Antwort. Die Textverweise dienen nur zu deiner Orientierung, als Lösungsbestandteil werden sie nicht verlangt.

2. a) ☒ Geschäfte an der Grenze des Erlaubten

   ✐ *Hinweis: Der Begriff lehnt sich an den Ausdruck „Schwarzmarkt" an. Auf einem Schwarzmarkt wird illegaler Handel getrieben. Die Farbe Grau als Abschwächung von Schwarz deutet an, dass die so bezeichneten Geschäfte grenzwertig sind und eine Nähe zur Illegalität aufweisen.*

   b) ☒ die Wohnungsnutzung in bestimmten Stadtbereichen geschützt wird

   ✐ *Hinweis: Mit „Zweckentfremdung" ist eine Nutzung des vorhandenen Wohnraums gemeint, die nicht dem eigentlichen Zweck – also dem Wohnen – entspricht, etwa die Nutzung einer Wohnung als Arztpraxis oder Ferienapartment. Ein Verbot könnte das verhindern.*

D 2014-13

c) $\boxed{X}$ unvermietete Wohnungen gibt

    Hinweis: Wenn eine Wohnung nicht vermietet bzw. bewohnt ist, dann sagt man, sie „steht leer". Das zugehörige Nomen lautet „Leerstand".

d) $\boxed{X}$ altes Wohnviertel

    Hinweis: Im Norddeutschen, insbesondere im Berliner Dialekt bezeichnet man mit dem Begriff „Kiez" einen Stadtteil, wie hier im Text z. B. das Berliner Wohnviertel Kreuzberg.

Du bekommst einen Punkt für jede richtige Antwort. Denke daran, dass du im Wörterbuch auch die Bedeutung unbekannter Wörter nachschlagen kannst.

3.

Zitat	Sprachliches Mittel
„... – Couchsurfing gegen Geld quasi." (Z. 20)	Ellipse
„... den das Unternehmen [...] von Plakatwänden schreit." (Z. 27 ff.)	Personifikation
„Du wirst im Nu genau wie John F. Kennedy ..." (Z. 33 f.)	Vergleich
„Die Touristen feiern, wenn sie arbeiten müssen." (Z. 91 f.)	Antithese

Hinweis: Du bekommst einen Punkt für jede richtige Antwort.
*Eine **Ellipse** ist ein grammatikalisch unvollständiger Satz. Im vorliegenden Beispiel fehlt das Prädikat.*
*Von einer **Personifikation** spricht man, wenn unbelebte Dinge oder abstrakte Begriffe mit menschlichen Eigenschaften oder Fähigkeiten ausgestattet werden.*
*Häufig erkennbar am Vergleichswort „wie", dienen **Vergleiche** dazu, eine Aussage anschaulicher zu machen.*
*Unter einer **Antithese** versteht man eine Gegensatzbildung innerhalb einer Sinneinheit. In diesem Beispiel ergibt sich der Gegensatz zwischen den Verben „feiern" und „arbeiten".*

4.

Zitat	Merkmal
Zeile 1–6	E
Zeile 7–12	C / F
Zeile 51–74	C
Zeile 106–110	D

✎ **Hinweis:** *Du bekommst einen Punkt für jede richtige Antwort.*
*Der **Vorspann/Teaser/Lead** ist ein kurzer Einführungstext, der der Reportage vorangestellt wird, der den Leser neugierig machen soll und ihn auf die Thematik einstimmt. Oft ist er auch drucktechnisch vom Rest des Texts abgehoben (z. B. durch Fett- oder Kursivdruck).*
*Reportagen beginnen häufig mit einem szenischen oder **erlebnisorientierten Einstieg**, der die Leserschaft unmittelbar in das Geschehen hineinversetzt.*
*In diesem Fall wird der Einstieg mit **Zahlen und Daten** angereichert (Übernachtungspreise), deshalb sind C und F richtig. (Die Nennung von einem der Merkmale ist aber ausreichend. Es gibt auch nur einen Punkt.)*
*Dieser Textabschnitt informiert über Zahlen im Berliner Übernachtungsmarkt und die rechtliche Situation von privaten Anbietern von Ferienwohnungen, enthält also neben **Daten** auch noch **Hintergrundwissen**.*
*Der Hauptgeschäftsführer des Deutschen Hotel- und Gaststättenverbandes (Dehoga) wird zitiert, es handelt sich damit um eine **Expertenmeinung**.*

5. ✎ **Hinweis:** *Es gibt einen Punkt für jede richtige Antwort. Aber Achtung, die Aufgabe genau lesen: Es geht um die Ansicht der Anwohner, nicht um die der Hotelbetreiber! Die Anweisung „Nenne ...“ bedeutet, dass Stichworte genügen. Du musst auch keine Zeilenangabe machen.*

Mögliche Lösungen (zwei erforderlich):
- Die Anwohner stört der Müll. (Z. 90)
- Sie fühlen sich durch Lärm belästigt. (Z. 90 ff.)
- Das Angebot an Wohnungen verringert sich. (Z. 126 ff.)
- Die Nachfrage nach Wohnungen in begehrten Bezirken steigt und damit verteuern sich die Mieten in vielen Wohnvierteln. (Z. 130 ff.)
- Ärmere Bevölkerungsschichten finden nur noch schwer eine Wohnung. (Z. 136 ff.)
- Das typische Flair mancher Wohngebiete wird zerstört. (Z. 183 ff.)

6. *Hinweis: Jede richtige Antwort ist einen Punkt wert, wenn sie nachvollziehbar ist. Sie muss nicht unbedingt am Text zu belegen oder mit Zeilenangaben versehen sein. Die hier verwendeten Textverweise dienen nur deiner Orientierung.*

Mögliche Lösungen (zwei erforderlich):
– Eigentümer erzielen durch die Vermietung an Touristen höhere Einnahmen als durch Dauermietverträge. (Z. 54 ff.)
– Für Mieter lohnt sich die Untervermietung der Wohnung oder einzelner Zimmer. (Z. 57 ff.)
– Zusätzliche Serviceangebote des Vermieters erhöhen die Attraktivität und damit die Einnahmen. (Z. 97 ff.)
– Anbieter von Privatzimmern in Familien und Wohngemeinschaften können Menschen aus aller Welt kennenlernen.

7. *Hinweis: Du bekommst zwei Punkte für ein passendes Zitat. Fehlt die Zeilenangabe, kostet dich das einen halben Punkt. Die Auswahl des Zitats muss nicht begründet oder kommentiert werden.*

Mögliche Lösungen (eine erforderlich):
– Z. 9 f.: „Das Doppelzimmer im gesichtslosen Drei-Sterne-Hotel ..."
– Z. 14–16: „... sie wohnen lieber ... als in einem standardisierten Hotelzimmer."
– Z. 24 f.: „Statt in meist langweiligen Hotelzimmern zu versauern, ist mittendrin, ..."
– Z. 26 f.: „Stop being a tourist"
– Z. 29–32: „Wer bucht, wird suggeriert, wohnt im Trendbezirk statt in der touristischen Quarantänezone, trifft Einheimische statt Zimmermädchen, geht in die Eckkneipe statt in die Hotelbar ..."

8. *Hinweis: Eine „Begründung" fordert von dir eine Stellungnahme zu der Aussage in der Aufgabenstellung. Das bedeutet, dass du deine Meinung dazu äußern und mit zwei (!) passenden Textstellen belegen musst, und zwar in vollständigen Sätzen.*
Drei Punkte gibt es für jede überzeugende Begründung, wenn sie mit einem Beispiel aus dem Text erklärt wird. Fehlt dieser Textverweis, wird ein Punkt abgezogen. Beschränkst du dich nur auf Zitate, ohne sie im Sinne der Aufgabenstellung zu erläutern, gibt es überhaupt keinen Punkt.

D 2014-16

Mögliche Lösungen (zwei erforderlich):
- Ich stimme dieser Sicht zu. Vermutlich wird das Angebot an Wohnungen zunehmen.

Begründung:
- Wie in Z. 111 ff. ausgeführt wird, müssen nach der 2010 erlassenen Bauordnung Gästezimmer und Ferienwohnungen ab einer bestimmten Größenordnung mit den gleichen Sicherheitsstandards wie Hotels ausgestattet werden, z. B. mit Brandschutzeinrichtungen. Das wird wegen der hohen Kosten manche Hauseigentümer daran hindern, ihre Mietshäuser als Ferienunterkünfte anzubieten.
- Vor zehn Jahren gab es in Berlin ein Verbot von Zweckentfremdung von Wohnraum (Z. 143 ff). Nach dem Willen der Senatsverwaltung soll dieses Verbot für bestimmte Stadtbezirke wieder eingeführt werden (Z. 146 ff.). Das bedeutet, dass es dann nicht mehr so einfach ist, Mietwohnungen in Arztpraxen oder Ferienunterkünfte umzuwandeln.
- Z. 80 f., 87–91, 181 ff.: Weil sich immer mehr Einheimische, Mietervereine und Hotelbesitzer gegen die Vermietung von Privatunterkünften an Touristen wehren und Forderungen an die Politiker stellen, wird es vermutlich gesetzliche Einschränkungen geben. Den Vermietern bleibt dann nichts weiter übrig, als ihre Wohnungen wieder an Dauermieter abzugeben.

- Ich stimme dieser Sicht nicht zu und bin der Auffassung, dass das Wohnungsangebot eher sinkt.

Begründung:
- Es sind bereits jetzt sehr viele Wohnungen zu Ferienunterkünften umgewandelt worden, in einer einzigen Wohnanlage in der Wilhelmstraße allein 257 Stück (Z. 85 ff.). Andere Großanbieter haben ebenfalls „reihenweise Ferienwohnungen in Mietshäusern" untergebracht (Z. 95 f.). Diese Wohnungen fehlen auf Dauer im Berliner Mietangebot.
- In beliebten Bezirken werden immer mehr Wohnungen zu Praxen, Kanzleien und Ferienapartments umgebaut (Z. 141 ff.), sodass die Zahl der verfügbaren Wohnungen sinkt.
- In den meisten Wohngebieten Berlins steigen die Mieten, weil die Nachfrage höher ist als das Angebot (Z. 130 ff.). Das ist ein Zeichen dafür, dass es bereits jetzt nicht genug Wohnungen gibt. Es sind dagegen keine Anzeichen zu erkennen, dass diese Entwicklung stoppt, denn Berlin ist ein „touristischer Magnet mit mehr als 21 Millionen Übernachtungen" im Jahr (Z. 51 f.). Es werden in Zukunft also eher noch mehr Hausbesitzer ihre Unterkünfte an Feriengäste vermieten.

9. *Hinweis: Bei dieser Aufgabe ist dein Textverständnis gefragt. „Erkläre" bedeutet, dass du mithilfe der im Text enthaltenen Informationen darstellen sollst,
warum die Zunahme der von Privatleuten angebotenen Touristenunterkünfte
eine der Ursachen für die teuren Mieten in Berlin ist. Entsprechende Hinweise
findest du an verschiedenen Stellen im Text (z. B. am Anfang und ab Z. 120), die
passende Erklärung musst du aber eigenständig formulieren. Für eine nachvollziehbare Erklärung gibt es bis zu vier Punkte, Textverweise sind bei dieser Aufgabe nicht notwendig.*

Wer ein Haus, eine Wohnung oder auch nur ein Zimmer an Feriengäste vermie-
tet, erzielt höhere Mieteinnahmen als von „normalen" Dauermietern, die einen
Vertrag für mehrere Jahre abschließen. Wenn z. B. eine zentral gelegene Wohnung in Berlin für Touristen pro Nacht 63 Euro kostet, bringt das dem Besitzer
fast 1 900 Euro monatlich. Das lohnt sich vermutlich auch dann noch, wenn die
Wohnung mehrere Wochen im Jahr leersteht. Kein Durchschnittsverdiener
könnte sich eine solch teure Wohnung als ständige Unterkunft leisten, geschwei-
ge denn Personen aus ärmeren Bevölkerungsschichten. Wer Interesse an einer
Wohnung in einem begehrten Bezirk hat, muss dem Besitzer also ein attraktives
Angebot machen, um einen Mietvertrag zu bekommen. Da auf diese Weise eine
Konkurrenzsituation zwischen Mietern und Feriengästen entsteht, steigen die
Wohnungspreise an. Diese Entwicklung wird sich vermutlich fortsetzen und
verschärfen, da Berlin weiterhin ein beliebtes Reiseziel ist und es sich für Hausbesitzer und Wohnungsinhaber finanziell lohnt, ihre Unterkünfte Touristen an-
zubieten.

10. *Hinweis: Auch hier geht es um Details beim Textverständnis. Zunächst musst
du dir die inhaltliche Aussage der in der Aufgabenstellung formulierten Behauptung klarmachen: Es wird eine gegenläufige Entwicklung dargestellt, nämlich die viel zitierte „Schere zwischen Arm und Reich", die immer weiter auf-
geht. Das bedeutet, dass die bereits Wohlhabenden immer vermögender werden,
während diejenigen, die wenig haben, zunehmend weiter in Armut geraten.
Die Aufgabe verlangt von dir, für jede der beiden Teilaussagen eine inhaltlich
entsprechende Textstelle zu finden und ihre Bedeutung zu erklären. Es gibt bis
zu drei Punkte für jede richtig erklärte Parallele zwischen der Behauptung und
dem Artikel. Sie muss am Text zu belegen, aber nicht mit Zeilenangaben versehen sein. Die hier angegebenen Textverweise dienen deiner Orientierung.*

Mögliche Lösungen (zwei erforderlich):

- „... häufen einige wenige beträchtliche Reichtümer an":
  - Um ihre Mieteinnahmen zu steigern, geben Eigentümer von Mietshäusern ihre Wohnungen lieber an Touristen als an wohnungssuchende Mitbürger. (Z. 54 ff.)
  - Zunehmend mehr Hausbesitzer nehmen die Möglichkeit wahr, durch die Vermietung an Feriengäste das „schnelle Geld" zu machen. So gibt es in Deutschland jede Woche 500 neue Ferienunterkünfte. (Z. 66 f.)
  - In Berlin bestehen inzwischen manche Mehrfamilienhäuser, in denen früher Mietwohnungen waren, nur noch aus Ferienapartments. (Z. 85 ff.)
  - Die Umgestaltung von Mietwohnungen zu Arztpraxen und Anwaltskanzleien ist für Hausbesitzer lukrativer als die Vermietung an Wohnungssuchende. (Z. 141 ff.)

- „... andere leben in Arbeitslosigkeit oder Armut":
  - Langjährige Mieter werden aus ihren Wohnbezirken verdrängt, weil sie sich die steigenden Mieten nicht mehr leisten können. (Z. 125 f.)
  - Bestimmte Wohnviertel, die zentral gelegen sind und als „in" gelten, sind für ärmere Bevölkerungsschichten ausgeschlossen. (Z. 136 f.)

Teil II: Schreiben

II.A: Textproduktion (Wahlaufgabe)

a) *⚑ Hinweis: Der Aufgabentyp ist dir vielleicht aus früheren Schuljahren als „Reizwortgeschichte" bekannt. Wie alle erzählenden Texte sollte deine Geschichte klar erkennbar in Einleitung, Hauptteil und Schluss gegliedert sein. Zu den strukturellen Vorgaben gehört auch, dass die Handlung einen erkennbaren „roten Faden" aufweist, sich zum **Wende- oder Höhepunkt** hin steigert (**Spannungsbogen**) und am Ende sinnvoll auflöst. Auch wird eine treffende **Überschrift** erwartet. Die vorgegebenen Stichwörter sollen sinnvoll in die Handlung integriert sein.*

*Wo und wann deine Geschichte spielt und welche Personen als Handlungsträger fungieren, stellst du in der **Einleitung** dar. Auch die Ausgangssituation wird darin kurz skizziert. Oft enthält die Einleitung auch eine vage Vorausdeutung auf die folgenden Ereignisse, um den Leser neugierig zu machen.*

*Danach gibt es ein Ereignis als „Auslöser" für den **Hauptteil**. Dieser führt die Handlung dann Schritt für Schritt zum Höhepunkt hin.*

*Als **Schluss** genügen häufig ein bis zwei Sätze, die die Geschichte entweder abschließen oder zusätzlich eine Perspektive für das weitere Geschehen eröffnen. Für den so beschriebenen **Aufbau** und die **inhaltliche Darstellung** deiner Geschichte gibt es bis zu **24 Punkte**. Weitere **zwölf Punkte** werden für die **sprachliche Gestaltung** vergeben. Dazu gehören die richtige Verwendung der Zeitform (in diesem Fall: Formen der Vergangenheit, insbesondere das Präteritum, bei Vorzeitigkeit Plusquamperfekt), und treffende Formulierungen. Lebendig wird deine Geschichte z. B. durch die Verwendung von direkter Rede und Spannung steigernden Mitteln, einer abwechslungsreichen Wortwahl und der Vermeidung von Wiederholungen beim Satzbau. Achte auch darauf, dass du die zu Beginn gewählte Erzählperspektive konsequent beibehältst. **Rechtschreibung, Grammatik und Zeichensetzung** werden mit insgesamt **vier Punkten** bewertet.*

Lauras Anti-Heimweh-Party

Treffende Überschrift

Seit Lauras Familie von Frankfurt in eine Neubausiedlung bei Bremen gezogen war, machten ihre Eltern sich große Sorgen um ihre Tochter. Kaum aus der Schule zurück, verzog sie sich stets in ihr Zimmer und tauchte bis zum Abendessen nicht mehr auf. Bei den gemeinsamen Mahlzeiten war sie einsilbig, aß wenig und ignorierte alle Aufmunterungsversuche. Stunden verbrachte sie alleine am Computer oder verkroch sich mit ihrem Handy im Bett, mailte, skypte und chattete mit Freundinnen aus ihrer ehemaligen Schule. Weder hatte sie Lust, die **fremde Stadt** zu erkunden, noch bemühte sie sich, in der neuen Schule Freunde zu finden.

Einleitung
Informationen über Personen, Ort, Zeit und Ausgangssituation (Rückzug der Hauptperson nach Wohnortwechsel, Heimweh)

Reizwort 1

Ihre Eltern versuchten in dieser Situation alles, um sie aufzuheitern. „Wie wäre es mit einem Ausflug am Wochenende?", schlug ihr Vater vor. „Nach Frankfurt? Ok!", gab Laura wie aus der Pistole geschossen zurück. „Natürlich nicht, Frankfurt ist viel zu weit. Das geht höchstens in den Ferien." „Dann habe ich keine Lust", sagte Laura resigniert und verdrückte sich wieder in ihr Zimmer. Ihre Eltern waren ratlos.

Hauptteil
Zusätzliche Informationen über die Hauptpersonen: Laura und ihre Eltern

„Könnten wir nicht eine **Party** veranstalten, so eine Art Kennenlernfest mit allen **unbekannten Nachbarn**? Hier wohnen doch eine ganze Menge Familien mit Kindern und Jugendlichen", überlegte ihre Mutter am nächsten Morgen beim Frühstück. Laura war skeptisch: „Man kann doch nicht

Anstoß der Handlung: Planung einer Party
Reizwörter 2 und 3

Lauras Vorbehalte

einfach mit Leuten feiern, die man überhaupt nicht kennt", maulte sie. Trotzdem erklärte sie sich widerstrebend bereit, bei den Vorbereitungen zu helfen. Sie entwarf Einladungen, kopierte sie und verteilte sie in den Briefkästen der Wohnanlage. Kaum hatte die Nachricht von dem geplanten Fest die Runde gemacht, meldeten sich viele Nachbarn und boten ihre Hilfe an. Tische und Bänke wurden organisiert und im großen Hof der Anlage aufgestellt, fast jeder wollte einen Salat oder Kuchen beisteuern, für Dekoration oder Getränke sorgen.

Positive Reaktion des Umfelds

„Laura, sei so gut und kümmere dich um die Musik!", beauftragte sie ihr Vater. „Ich?", fragte Laura entsetzt. „Ich habe doch keine Ahnung, was ihr gerne hört!" Ihr Vater grinste. „Dann stell' einfach eine Playlist mit deiner Lieblingsmusik zusammen. Es wird schon keine **Beschwerde** geben. Notfalls halten wir uns die Ohren zu." Laura schaute ihn zweifelnd an, aber noch ehe sie etwas Ablehnendes erwidern konnte, sagte ihr Vater schnell: „Also abgemacht: Ich besorge die Anlage, du sorgst für die Musik!"

Entscheidender Handlungsschritt: Aufgabe für die Hauptperson: Laura kümmert sich um Musik

Reizwort 4

Allmählich bekam Laura doch Spaß an der Sache. Vielleicht war die Idee mit der Party ja gar nicht so schlecht. Die würden sich wundern!

Vorausdeutung

Als das Fest schließlich begann, schien es aber zunächst so, als würde es trotz des schönen Sommerabends ein Reinfall werden – jedenfalls für Laura. Die Männer standen mit Bierflaschen in der Hand am Grill, die Frauen saßen auf den Bänken und unterhielten sich, die kleinen Kinder tobten im Hof und an den Spielgeräten herum. Kein einziger Jugendlicher in Lauras Alter ließ sich blicken!

Steigerung der Spannung durch Verzögerung der Handlung: keine jugendlichen Gäste

Als sie jedoch die Musik anstellte, die ersten Beats aus den Lautsprechern wummerten und sich an den Hauswänden brachen, änderte sich das Bild: Fenster wurden geöffnet, erstaunte, verstrubbelte, zum Teil auch verschlafene Köpfe erschienen, und während sich die Erwachsenen entsetzt die Hände auf die Ohren pressten, tauchten erst vereinzelt, dann immer mehr junge Gestalten in Hauseingängen auf. Sie bewegten sich wie magnetisch angezogen zu den Lautsprechern und begannen, im Rhythmus der Klänge zu tanzen, die Laura

Spannungssteigerung: der Plan von Lauras Vater geht auf

ausgesucht hatte: Das Beste aus den aktuellen Charts, ein guter Mix aus Elektro, Hip-Hop, Deep House, Reggae und Dance. Der Bann war gebrochen! Erleichtert beobachteten Lauras Eltern, wie sich ihre Tochter lachend unterhielt und selbstvergessen zu ihrer Lieblingsmusik wiegte. Von diesem Tag an hatte Laura zwar immer noch hin und wieder Heimweh nach Frankfurt. Sie fand aber viele neue Freunde und fühlte sich in der neuen Umgebung endlich zu Hause.

Höhe-/Wendepunkt:
Hauptperson öffnet sich, findet Anschluss

Schluss
Heimweh überwunden, positive Veränderung

b) ✒ *Hinweis: Der Bericht ist eine Textsorte, die besonders in Zeitungen zu finden ist. Anders als bei erzählenden Texten geht es nicht darum, den Leser zu unterhalten. Vielmehr kommt es hier auf die **sachliche und informative Gestaltung** des Inhaltes an. Beim Schreiben musst du außerdem einige Grundregeln beachten:*
*Es gibt eine **Einleitung** (Lead/Vorspann), in der die wichtigsten Informationen vorab in Kurzform zusammengefasst werden.*
*Im **Hauptteil** kommen die wichtigsten Informationen zuerst, die weniger wichtigen im weiteren Textverlauf. Du kannst dich dabei an den W-Fragen orientieren: Was, wer, wann, wo, warum, wie. Achte darauf, dass du beim Thema bleibst und nicht weitläufig abschweifst. Das heißt, dass du Informationen, die keinen Bezug zu dem dargestellten Inhalt haben, weglässt. Was war der Anlass der Veranstaltung, wer war dabei, wer hat die Veranstaltung organisiert, wie lange hat sie gedauert, welche Programmpunkte waren geplant, welche haben tatsächlich stattgefunden – das sind die Bausteine, die in deinen Bericht gehören.*
*Relevante Hintergrundinformationen und Zitate (wiedergegeben in indirekter Rede!) sind bei dieser Textsorte erwünscht, Emotionen und persönliche Wertungen hingegen nicht. Wie bei einer Kamera, die das Geschehen von außen filmt, ist die **Perspektive** die eines **neutralen Beobachters**. Besonders glaubwürdig wird dein Text, wenn du von einem tatsächlich stattgefundenen Ereignis berichtest. In der Aufgabenstellung wird auch ausdrücklich darauf verwiesen, dass du dich z. B. auf eine Klassenfahrt beziehen kannst.*
***Aufbau, Inhalt** und die **formalen Aspekte** deines Berichtes werden mit bis zu **24 Punkten** bewertet. Dazu gehören eine treffende Überschrift und die plausible Darstellung des gewählten Ereignisses. Bis zu **zwölf Punkte** gibt es für die **Sprachangemessenheit** deines Textes. Achte auf die Zeitform (Präteritum), bleibe bei der sachlichen Außenperspektive, formuliere abwechslungsreich und vermeide es, das Geschehen zu bewerten. Bei Fehlern in der **Rechtschreibung, Grammatik und Zeichensetzung** werden bis zu **vier Punkte** von der Gesamtpunktzahl für diese Aufgabe abgezogen.*

D 2014-22

Von Pestärzten und Serienmördern – Besuch im Berlin Dungeon

Dunkle Räume, knarrende Aufzüge, schaurige Gestalten sowie eine Floßfahrt durch das pestverseuchte Berlin: Im Dungeon Berlin erlebte eine Schulklasse 700 Jahre Stadtgeschichte in 60 Minuten.

„The Dungeon", zu Deutsch „Das Verlies", ist eine Art Erlebnisshow, in der Schauspieler die schaurigen Seiten von Berlins Geschichte lebendig werden lassen. Während ihrer Studienfahrt in die Hauptstadt im Juni besuchte die Klasse 9A der Albert-Schweitzer-Schule Neustadt mit ihren Lehrkräften das moderne Gruselkabinett, in dem mit zahlreichen „Special Effects", viel Theaterblut und immer einer kräftigen Prise Humor dunkle Kapitel aus früherer Zeit heraufbeschworen wurden.

Begrüßt wurde die Gruppe von einem bunt gekleideten Hofnarr, der die Jugendlichen mithilfe eines ratternden Aufzugs in eine unterirdische Bibliothek begleitete, wo Pater Roderich ihnen von Mord und Totschlag, Krieg und Rebellion aus dem 14. Jahrhundert berichtete.

Die nächste Station war ein hölzernes Floß, mit dessen Hilfe die Besucher auf dunklen Kanälen der Pest entfliehen sollten. Nach wenigen Metern jedoch endete die Fahrt bereits und die Klasse wurde von einem Pestarzt begrüßt, der sein Publikum zu schockieren versuchte, indem er von seinen unterschiedlichen rustikalen Behandlungsmethoden erzählte und einem „Seuchenopfer" verschiedene Organe entnahm. Einen besonderen Gruselspaß bereiteten dabei die aus ihrem Glas entkommenen Blutegel, die sich, für einige Besucher deutlich spürbar, auf den Sitzbänken entlangwanden.

Viel Gelächter erntete anschließend der Richter, der willkürlich Angeklagte aus der Besuchergruppe auswählte und sie der absurdesten Verbrechen beschuldigte. Die Szenerie nimmt Bezug auf ein Gesetz des Kurfürsten von Brandenburg, der im Jahr 1679 seinen Richtern befahl, alle Hexen in Berlin und Brandenburg einzukerkern und vor Gericht zu stellen. Dementsprechend beschuldigte der Richter eine Schülerin, sie habe sich mit dem Teufel auf dem Brandenburger Tor vergnügt, weshalb sie anschließend als Hexe verurteilt wurde. Ein anderer Jugendlicher wurde wegen Verstoßes gegen den guten Geschmack angeklagt, womit der Richter sich auf den „abscheulichen Kleidungsstil" des Schülers bezog.

Nach einem Besuch beim Folterknecht, der seine Instrumente an einer Testperson auf anschauliche Weise vorführte, gelangte die Klasse durch ein verwirrendes Spiegelkabinett in die Grabkammer der „Weißen Frau", einer Spukgestalt aus dem 17. Jahrhundert. Wem sie erschien, so ging die Sage, musste mit seinem baldigen Tod rechnen. Nachdem das Licht ausgegangen war, flatterte unter grellen Stroboskopblitzen und mit gellendem Geschrei etwas Weißes über die Besuchergruppe hinweg und sorgte besonders bei den Mädchen für helles Entsetzen.

Kaum hatten sich alle wieder beruhigt, ging es zur letzten Station, dem heruntergekommenen Stadtviertel Berlin-Friedrichshain. Hier trieb zu Beginn des 20. Jahrhunderts der Mädchenfänger Carl Großmann sein Unwesen. Bis zu hundert Mädchen und Frauen soll der gelernte Metzger auf bestialische Weise umgebracht und in seiner Wohnküche zu Wurst und Dosenfleisch verarbeitet haben. Bei den jugendlichen Besuchern sorgte der Anblick von blutigen Füßen und Händen sowie einer beeindruckenden Auswahl von Fleischermessern am Ende des Dungeon-Besuchs noch einmal für Gänsehaut.

Hintergrundinformation:
historisch verbürgte Figur

Das erste Dungeon wurde 1974 eröffnet, und zwar unter dem Bahnhof der London Bridge. Bis heute ist es eine der beliebtesten Touristenattraktionen der britischen Hauptstadt. Weitere Dungeons gibt es in Edinburgh, York, im Tower von Blackpool, im Warwick Castle, in Hamburg, Amsterdam und seit 2013 in Berlin. Die Shows, die in Deutsch und Englisch gespielt werden, zeigen den Besuchern mithilfe historischer Kulissen und zahlreicher Spezialeffekte die dunklen Seiten der Vergangenheit von touristisch beliebten Orten.

Hintergrundinformation:
Orte und Konzeption der „Dungeons"

Den Schülern aus Neustadt hat der schaurig-schöne Gruselspaß gefallen. Besser als Museum und Stadtführung zusammen, war die überwiegende Meinung der Jugendlichen am Ende der Führung.

Schluss
Folgen/Fazit:
Zitat von Beteiligten

| Abschlussprüfung Deutsch an Realschulen in Hessen 2014 |
| Sprachliche Richtigkeit |

II.B: Sprachliche Richtigkeit

1. ✔ *Hinweis: Für jeden richtig markierten Fehler gibt es einen halben Punkt, falsche Kennzeichnungen werden nicht berücksichtigt, d. h., sie führen nicht zu Punktabzug. Achtung: Wenn du mehr als zwölf Fehler markierst, werden nur die ersten zwölf berücksichtigt. Keinen Punkt bekommst du, wenn du zwar einen Fehler markiert hast, deine Korrektur aber ebenfalls fehlerhaft ist.*

Am Donnerstag fand im Bundestag eine wichtige Abstimmung statt. Dabei ging es um ein Gesetz, ~~dass~~ **das**[1] Firmen dazu verpflichten soll, eine sogenannte Frauenquote zu erfüllen. Damit ist gemeint, ~~das~~ **dass**[2] ein bestimmter Anteil an Chefposten mit Frauen besetzt werden muss. Ob eine solche Frauenquote sinnvoll ist**, (fehlendes Komma)**[3] darüber streiten Politiker seit langer Zeit. Deshalb war bis zuletzt unklar**, (fehlendes Komma)**[4] wie die Abstimmung ausgeht. Am ~~nachmittag~~ **Nachmittag**[5] stand dann fest **, (fehlendes Komma)**[6] dass die meisten Politiker gegen das neue Gesetz gestimmt hatten. In Deutschland gibt es bisher nur wenige Frauen, die zum ~~beispiel~~ **Beispiel**[7] eine ~~grosse~~ **große**[8] Firma leiten. Um das zu ändern**, (fehlendes Komma)**[9] haben sich einige Politikerinnen und Politiker sehr für die Frauenquote eingesetzt. ~~Das~~ **Dass**[10] die meisten Bundestagsmitglieder dagegen gestimmt haben, finden ~~Sie~~ **sie**[11] sehr ~~Schade~~ **schade**[12].

Quelle: ZDF, 18. 04. 2013;
http://www.tivi.de/fernsehen/logo/artikel/40912/druckansicht/index.html

✔ *Hinweis: 1) das – Relativpronomen (Rückbezug auf „Gesetz", Ersatz durch „welches" möglich) 2) dass – Konjunktion (kein Austausch möglich) 3) Komma zwischen Neben- und Hauptsatz (indirekter Fragesatz, eingeleitet mit der Konjunktion „ob") 4) Komma zwischen Haupt- und Nebensatz (indirekter Fragesatz, eingeleitet mit der Konjunktion „wie") 5) Nachmittag – Nomen (der Nachmittag/an dem Nachmittag) 6) Komma zwischen Haupt- und Nebensatz (konjunktionaler Nebensatz, eingeleitet mit der Konjunktion „dass") 7) Beispiel – Nomen (das Beispiel/zu dem Beispiel) 8) große – ß nach lang gesprochenem Vokal 9) Komma zwischen Neben- und Hauptsatz (erweiterter Infinitiv mit „zu") 10) dass – Konjunktion (kein Austausch möglich) 11) sie – Personalpronomen, keine Anredeform 12) schade – Adjektiv (Wie finden sie es?)*

D 2014-25

2. ✎ **Hinweis:** *Für jede richtige Lösung gibt es einen halben Punkt. Versuche, bei deinen Lösungen Grammatik- oder Rechtschreibfehler zu vermeiden, denn dann gibt es keinen Punkt für die richtige Lösung. Den jeweiligen Fall musst du nicht dazu schreiben, es genügt das Lösungswort.*
Ermittle den jeweiligen Fall durch das Stellen der passenden Fragen: Wer oder was? (Nominativ), Wessen? (Genitiv), Wem? (Dativ), Wen oder was? (Akkusativ)

Seit über 50 **Jahren**[1] benennt das Meteorologische Institut der Freien Universität Berlin die Hoch- und Tiefdruckgebiete mit Frauen- und Männernamen. Wer **seinen eigenen Namen**[2] auf der Wetterkarte sehen möchte, kann dafür eine Patenschaft kaufen. Der Erlös kommt **den Studierenden**[3] der Universitäts-Wetterstation zugute. Zusammen mit **anderen Angaben**[4] wie Windstärke und Temperatur werden die täglich ermittelten Daten der Wetterstation im Computer gespeichert und landen beim **Deutschen Wetterdienst**[5]. Bereits vor elf Jahren haben die Studierenden die Spät- und Nachtschicht bei **der stündlichen Wetterbeobachtung**[6] übernommen. Finanziert wird die Initiative durch das Projekt „Wetterpate". Neben dem US-Wetterdienst ist die Wetterstation **der Universität Berlin**[7] weltweit schon seit über fünfzig Jahren die einzige Stelle, die Namen für Hoch- und Tiefdruckgebiete vergibt. Ein Tief kostet nach Angaben **des Teams**[8] der Wetterstation 199 Euro, ein Hoch 299 Euro.
Quelle: nach Verena Kemna, Deutschlandradio Köln, 10.10.2013;
http://www.dradio.de/dlf/sendungen/campus/2264839/

✎ **Hinweis:** *1) Dativ 2) Akkusativ 3) Dativ 4) Dativ 5) Dativ 6) Dativ 7) Genitiv 8) Genitiv*

3.

Satz	Begründung
Florians Herz schlug heftig, er ahnte das bevorstehende Unheil.	B
Er verabschiedete sich, weil er für den nächsten Tag seine Koffer packen musste.	C
Das Dorf, das in einer Talmulde liegt, ist von einem dichten Wald umgeben.	C
Die Tür wurde geöffnet, daraufhin erblickte sie ihren Bruder.	B
„Ich werde pünktlich sein", versprach sie ihm.	D

D 2014-26

Hinweis: Satz 1: Hier werden zwei vollständige Hauptsätze (Satzreihe) durch ein Komma getrennt. Du kannst die Hauptsätze an der Position des gebeugten Verbs erkennen: Es steht jeweils an zweiter Satzgliedposition.
Satz 2: Hier handelt es sich um ein Satzgefüge mit einem Kausalnebensatz, erkennbar an der Konjunktion „weil".
Satz 3: Hier ist der Nebensatz ein eingeschobener Relativsatz, erkennbar am Relativpronomen „das". Er ist in den Hauptsatz eingebettet und vorne und hinten jeweils mit einem Komma abgetrennt.
Satz 4: Es handelt sich wieder um zwei Hauptsätze, von denen jeder für sich alleine stehen könnte. „Daraufhin" ist keine unterordnende Konjunktion und leitet deshalb auch keinen Neben-, sondern einen Hauptsatz ein.
Satz 5: Der nachgestellte Redebegleitsatz wird von der wörtlichen Rede mit einem Komma abgetrennt.

4.

Satz	Strategie
Das Experimentieren in Chemie war wenigstens spannend.	D
Er hatte nicht mehr alle Tassen im Schrank.	E
Die Nashörner sahen gefährlich aus.	C
Die Gruppe geriet trotz des frühen Aufbruchs in die Finsternis.	A
Der Frühling war lange Zeit sehr kalt.	B

Hinweis: Satz 1: Experimentieren ist hier ein nominalisiertes Verb, erkennbar am vorangestellten Artikel „das".
Satz 2: Der Vokal „a" in „Tassen" wird kurz gesprochen, deshalb folgt der Doppelkonsonant „ss".
Satz 3: Der Wortursprung von „gefährlich" ist „Gefahr". Deshalb wird das Wort mit ä (nicht mit e) geschrieben.
Satz 4: Das Wort setzt sich zusammen aus „finster-" und der Nachsilbe „-nis". Diese Endsilbe wird (trotz kurzem i) immer mit einfachem s geschrieben (z. B. Geheimnis, Zeugnis ...).
Satz 5: Ob der Schlusslaut hier ein weicher (d) oder harter (t) ist, hörst du, wenn du das Wort verlängerst, z. B. durch Steigerung (kälter) oder Beugung (kalten).

D 2014-27

Abschlussprüfung Deutsch an Realschulen in Hessen 2015
Text 1

Teil I: Lesen

1. a) ☒ rücksichtslos.

    ✏ *Hinweis: vgl. Z. 14 f.*

    b) ☒ sehr oft schikaniert.

    ✏ *Hinweis: vgl. Z. 35–40*

    c) ☒ nur die im Reiseführer empfohlenen Orte besuchen.

    ✏ *Hinweis: vgl. Z. 49–51*

    d) ☒ Besserwisserei

    ✏ *Hinweis: vgl. Z. 129–139*

    Bei den Multiple-Choice-Aufgaben (1 bis 3) ist immer nur genau eine Lösung richtig. Wenn du mehr als eine Möglichkeit ankreuzt, gibt es für die jeweilige Aufgabe keinen Punkt.

2. a) ☒ eine Kombination aus Naturidyll und Großstadtleben.

    ✏ *Hinweis: Die Ostsee steht für einen Erholungsort in der Natur, die Leipziger Straße ist eine stark befahrene Straße in der Großstadt.*

    b) ☒ seine Macht demonstrieren soll.

    ✏ *Hinweis: Wer heftig die Türen schlägt, zeigt, dass er sich als Herr im Haus fühlt.*

    c) ☒ zu selbstbewusst werden könnte.

    ✏ *Hinweis: Ein großzügiges Trinkgeld ist ein Zeichen dafür, dass man mit einer Dienstleistung zufrieden ist. Das Personal hätte dann also Grund, stolz zu sein und würde vielleicht in seinen Anstrengungen nachlassen.*

    d) ☒ man nichts auslassen soll.

    ✏ *Hinweis: Tucholsky „empfiehlt" hier, alle Sehenswürdigkeiten zu besichtigen, auch wenn man schon erschöpft ist und eigentlich nichts mehr aufnehmen kann.*

D 2015-1

e) ☒ aggressiv auftritt.

*✏ **Hinweis:** Hier wird ein Reisender beschrieben, der rechthaberisch auftritt und alles in seiner Umgebung schlechtmacht.*

f) ☒ jemand für Unruhe sorgt.

*✏ **Hinweis:** Betriebsamkeit ist ein anderes Wort für Hektik oder Unruhe.*

3. a) ☒ Nur B und C stehen im Text.

*✏ **Hinweis:** B: z. B. Z. 19 ff., 80; C: z. B. Z. 61 ff., 95 ff.*

b) ☒ Nur A und C stehen im Text.

*✏ **Hinweis:** A: z. B. Z. 159 f.; C: Z. 147 ff.*

4.

Zitat	Sprachliches Mittel
„Du hast bezahlt – die andern fahren alle umsonst." (Z. 16 f.)	Antithese
„Wenn du reisen willst ..." (Z. 8) / „Wenn du reist ..." (Z. 14)	Anapher
„Anseilen nur in Städten von 500 000 Einwohnern aufwärts." (Z. 58–60)	Ellipse
„Trudele durch die Welt. Sie ist so schön: gib dich ihr hin, und sie wird sich dir geben." (Z. 161–163)	Personifikation

*✏ **Hinweis:** Wenn innerhalb einer Sinneinheit ein **Gegensatz** (hier: du/die anderen, bezahlt/umsonst) beschrieben wird, spricht man von einer **Antithese**.*
*Die **Anapher** ist ein Stilmittel, das bestimmten Sätzen in einem Text durch **Wiederholung der Satzanfänge** mehr Gewicht verleiht.*
*Ist ein **Satz unvollständig**, fehlt ihm also ein Satzteil, handelt es sich um eine **Ellipse**. In diesem Beispiel ist der Satz auf eine Anweisung ohne Prädikat (konjugiertes Verb) reduziert. Korrekt bzw. vollständig könnte der Satz z. B. heißen: „Anseilen **ist** nur in Städten von 500 000 Einwohnern aufwärts **notwendig**."*
*Werden **Dinge oder abstrakte Begriffe quasi „zum Leben erweckt"**, indem sie mit menschlichen Fähigkeiten und Eigenschaften ausgestattet werden, handelt es sich um eine **Personifikation**.*

D 2015-2

5. *✎ **Hinweis: Ironie** ist ein gängiges Stilmittel der Satire: Indem man das Gegenteil von dem sagt, was man eigentlich meint, kritisiert man auf humorvolle Weise z. B. Personen und ihre Verhaltensweisen oder auch gesellschaftliche Zustände. Zur Lösung dieser Aufgabe bietet der Text dir reichlich Auswahl. Zunächst musst du eine geeignete Textstelle auswählen und sie belegen. Dafür hast du drei Möglichkeiten:*
   - *die ausgewählte Textstelle zitieren, d. h. wörtlich wiedergeben und mit Anführungszeichen und Zeilenangaben versehen*
   - *nur die genauen Zeilen nennen, die die Textstelle umfasst*
   - *die Textstelle paraphrasieren, das heißt, ebenfalls die Zeilen angeben und zusätzlich die Textstelle sinngemäß mit eigenen Worten wiedergeben*

   Hast du eine geeignete Textstelle genannt, gibt es einen von vier Punkten. Eine zutreffende Erklärung ist weitere drei Punkte wert. Erklären heißt bei dieser Aufgabe, dass du deutlich machen sollst, worin die Ironie in der von dir gewählten Textstelle liegt und was Tucholsky eigentlich ausdrücken will. Eine Erklärung ohne passenden Textbeleg wird mit zwei Punkten bewertet.

   Mögliche Lösungen (eine erforderlich):
   - „Geh sodann unter heftigem Türenschlagen in dein Zimmer, gib um Gottes willen dem Stubenmädchen, von dem du ein paar Kleinigkeiten extra verlangst, kein Trinkgeld, das verdirbt das Volk;" (Z. 35–39). – Die Textstelle ist ironisch gemeint, denn Tucholsky empfiehlt hier rücksichtsloses Verhalten gegenüber den anderen Hotelgästen und Arroganz gegenüber dem Personal. Es wäre jedoch angemessen, sich genau gegenteilig zu verhalten: Im Hotel wohnt man nicht alleine und sollte deshalb leise sein. Wenn man Sonderwünsche hat, sollte man sich gegenüber dem Personal großzügig zeigen.
   - „Wenn deine Frau vor Müdigkeit umfällt, ist der richtige Augenblick gekommen, auf einen Aussichtsturm oder auf das Rathaus zu steigen; wenn man schon mal in der Fremde ist, muß man alles mitnehmen, was sie einem bietet." (Z. 61–65) – Die Ironie wird hier deutlich, indem als eigentlicher Sinn von Urlaubsreisen das Abarbeiten von Sehenswürdigkeiten beschrieben wird. Da Urlaub jedoch der Erholung dient, sollten Entspannung und Genuss im Vordergrund stehen.
   - „Wenn du dich amüsierst, dann lach, aber so laut, daß sich die andern ärgern, die in ihrer Dummheit nicht wissen, worüber du lachst." (Z. 134–137) – Hier entsteht die Ironie dadurch, dass plumpes und peinliches Auftreten in Anwesenheit fremder Menschen empfohlen wird. Wer sich so verhält, verletzt seine Umgebung, indem er ihnen das Gefühl gibt, ausgelacht zu werden. Tucholsky

D 2015-3

meint eigentlich, dass man Dinge, die einem fremd, ungewohnt oder auch amüsant erscheinen, auf keinen Fall lautstark lächerlich machen soll.

6. *Hinweis:* Mit „Herangehensweisen" ist in der Aufgabenstellung die unterschiedliche Planung, die Erwartung und das Benehmen des Reisenden gemeint. Reichlich Auswahl an passenden Textstellen bietet natürlich der lange erste Teil des Textes, aber auch im zweiten wirst du sicher schnell fündig. Für jeden passenden Textbeleg werden zwei Punkte vergeben, dafür musst du nur aus jedem der beiden Textteile eine passende Stelle zitieren. Es reichen bei dieser Aufgabe Zitat oder Paraphrasierungen (= Umschreibung mit eigenen Worten), erklären musst du die Textstellen nicht.

Mögliche Lösungen (je eine erforderlich):
Belege für das „falsche" Reisen:
– „... nimm um Gottes willen keine Rücksicht auf deine Mitreisenden ..."
   (Z. 14 f.)
– „Sei überhaupt unliebenswürdig ..." (Z. 24)
– „... lauf blind an allem andern vorüber ..." (Z. 53)
– „Ärgere dich!" (Z. 80)
– „Dann schimpfe." (Z. 94)
– „Mach überhaupt mit deiner Frau Krach." (Z. 115)
– „Stille Abendstunden sind Mumpitz;" (Z. 120)
– „Laß dir nicht imponieren." (Z. 140)

Belege für das „richtige" Reisen:
– „... laß dich im einzelnen von der bunten Stunde treiben." (Z. 147 f.)
– „Nimm die kleinen Schwierigkeiten der Reise nicht so wichtig;" (Z. 155 f.)
– „... dann freu dich ..." (Z. 157)
– „Entspanne dich." (Z. 161)

7. *Hinweis:* Die Anweisung „Begründe" bedeutet, dass eine Aussage durch nachvollziehbare Argumente gestützt werden soll. Die Aussage ist in diesem Fall: Das Verhalten des Reisenden ist falsch. Belegbar ist diese Aussage dadurch, dass man die möglichen Konsequenzen seines Verhaltens beschreibt.
Drei Punkte gibt es für jede passende Begründung **mit** geeignetem Textbeleg. Begründungen, die **keinen Textbeleg** enthalten, aber trotzdem einen Textbezug erkennen lassen, ergeben zwei Punkte. Textstellen ohne Begründung werden nicht bewertet.

Mögliche Lösungen (zwei erforderlich):
- „Wenn du reist, nimm um Gottes willen keine Rücksicht auf deine Mitreisenden ... Sei überhaupt unliebenswürdig – daran erkennt man den *Mann.*" (Z. 14–25) – Das Verhalten des Reisenden ist falsch, da in öffentlichen Verkehrsmitteln alle Fahrgäste die gleichen Rechte haben und angesichts des beengten Raumes aufeinander Rücksicht nehmen müssen. Wer so egoistisch auftritt und seine Mitreisenden in dieser Weise behandelt, sorgt für Konflikte und verdirbt nicht nur sich selber, sondern auch anderen Urlaubern die Reise.
- „Geh sodann unter heftigem Türenschlagen ... und begib dich sodann auf die Wanderung durch die fremde Stadt." (Z. 35–43) – Das Verhalten des Reisenden ist falsch, weil er seine Rolle als zahlender Hotelgast falsch interpretiert. Er muss Rücksicht auf die anderen Gäste nehmen und darf die Einrichtung benutzen, aber nicht zerstören, denn sie gehört ihm nicht. Auch darf er die Angestellten des Hotels nicht behandeln, als seien sie Menschen zweiter Klasse. Ein solches Verhalten könnte dazu führen, dass dieser Gast beim nächsten Mal kein Zimmer mehr bekommt oder sogar gleich Hausverbot erhält.
- „Durcheile die fremden Städte und Dörfer ... dazu reist man nicht." (Z. 116–121) – Das Verhalten des Reisenden ist falsch, weil er sich keine Zeit nimmt, die neue Umgebung und die fremden Eindrücke auf sich wirken zu lassen und dabei Abstand von seinem Arbeitsleben gewinnt. Stattdessen sammelt er hektisch in kurzer Zeit möglichst viele touristische Highlights. Das hat zur Folge, dass er seinen Urlaub nicht genießt und sich vermutlich auch nicht erholt.

8. ✐ *Hinweis: Beim Erläutern musst du zeigen, dass du einen Text richtig verstanden hast. Das machst du, indem du mit eigenen Formulierungen den Sachverhalt erklärst, ohne vom Textinhalt abzuschweifen. Dabei musst du auf sachliche Richtigkeit und inhaltliche Genauigkeit achten. Enthält die gewählte Textstelle Fachbegriffe oder Fremdwörter, müssen sie erklärt werden. Je zwei Punkte gibt es für eine genannte (Zeilenangaben genügen) oder zitierte Textstelle und die nachvollziehbare Erläuterung. Eine Erläuterung ohne Textverweis wird mit zwei Punkten bewertet. Das bloße Nennen oder Wiedergeben einer Textstelle ist hingegen keinen Punkt wert.*

Mögliche Lösungen (eine erforderlich):
- „In der fremden Stadt mußt du zuerst einmal alles genauso haben wollen, wie es bei dir zu Hause ist – hat die Stadt das nicht, dann taugt sie nichts." (Z. 44–46)

D 2015-5

Die Textstelle bedeutet, dass der Reisende in der fremden Umgebung den Standard einfordert, den er von zu Hause gewöhnt ist. Er hat Angst, sich auf Neues einzulassen, weil es ihn verunsichert.

– Eine anständige Sommerfrische besteht in einer Anhäufung derselben Menschen, die du bei dir zu Hause siehst ..." (Z. 103–105)
An diesem Zitat wird deutlich, dass der Reisende im Urlaub nur das akzeptiert, was er schon kennt und was ihm vertraut ist. Das geht so weit, dass er auch nur die gleichen Menschen um sich haben möchte wie im Alltag.

– „Mit den lächerlichen Einheimischen sprich auf alle Fälle gleich von Politik, Religion und dem Krieg." (Z. 129–131)
Die Abwertung der Einheimischen als „lächerlich" zeigt, dass der Reisende Vorurteile gegen die Menschen des besuchten Landes hat und sie pauschal verunglimpft. Er fühlt sich ihnen überlegen und sieht keinen Anlass, sie und ihre Gewohnheiten näher kennenzulernen.

9. *Hinweis: Im zweiten Teil des Tucholsky-Textes fehlt der ironische Unterton. Das heißt, der Autor gibt hier ernstgemeinte Ratschläge. Es geht bei dieser Aufgabenstellung also wieder darum, dein Textverständnis zu prüfen. Du sollst zeigen, dass du den Wechsel in der Autorenabsicht erkannt und nachvollzogen hast. Je zwei Punkte gibt es für eine passende Textstelle und die plausible Erläuterung. Fehlt der Textverweis, bekommst du zwei Punkte, nennst oder zitierst du nur eine Textstelle, gibt es keinen Punkt.*

Mögliche Lösungen (eine erforderlich):
– „Kunst" ist so zu verstehen, dass man etwas beherrscht. Die Aufforderung „laß dich von der bunten Stunde treiben" (Z. 147 f.) setzt voraus, dass man in der Lage ist, spontan auf Neues zu reagieren und sich von allen Bedenken und Vorbehalten freizumachen, statt stur feste Pläne einzuhalten.
– Es ist viel einfacher, etwas Neues und Unbekanntes zu kritisieren und abzulehnen, als zuzugeben, dass man es nicht weiß oder kennt. Die „Kunst" besteht also darin, mutig zu sagen und dazu zu stehen, dass man von einer Sache nichts versteht oder sie neu für einen ist. (Z. 152–154)
– „Nimm die kleinen Schwierigkeiten der Reise nicht so wichtig; bleibst du einmal auf einer Zwischenstation sitzen ..." (Z. 155–160) In einer solchen Situation, in der nicht alles nach Plan verläuft, besteht die „Kunst" darin, die gewonnene Zeit bestmöglich zu nutzen und sie mit zusätzlichen Eindrücken zu füllen, anstatt sich über einen verpassten Anschluss zu ärgern.

Teil II: Schreiben

II.A: Textproduktion (Wahlaufgabe)

a) ✐ **Hinweis:** *Berichte kennst du von Zeitungen und Nachrichtenportalen im Internet. Sie sind sachlich und neutral, d. h., ohne eigene Meinung formuliert. Ein Bericht besteht aus einem **Titel** (Überschrift), der das Interesse der Leser weckt, einer Einleitung (Lead), einem Haupt- und einem Schlussteil. In der **Einleitung** werden die wichtigsten Informationen zunächst kurz zusammengefasst. Im **Hauptteil** gehst du dann auf das Ereignis ein, indem du die berühmten W-Fragen (wer, was, wo, wann, wie) beantwortest, und zwar absteigend vom Wichtigen zum weniger Wichtigen bzw. Nebensächlichen oder gar Unwichtigen. Im **Schlussteil** kannst du z. B. ein Zitat verwenden oder noch einmal die Highlights des Ereignisses zusammenfassen. Gefühle oder Wertungen haben im Bericht nichts zu suchen, Hintergrundinformationen sowie Zitate von Beteiligten hingegen schon.*

*Da das Ereignis, von dem berichtet wird, einmalig ist und in der Vergangenheit liegt, ist die richtige **Zeitform** für deinen Text das Präteritum bzw. bei Vorzeitigkeit das Plusquamperfekt.*

*Bis zu **24 Punkte** gibt es für Aufbau und Inhalt, für die sprachliche Gestaltung kannst du bis zu **12 Punkte** erhalten. Dazu zählen die Verwendung der richtigen Zeitform, treffende Formulierungen, passende Wortwahl, abwechslungsreicher Satzbau und die Vermeidung von Wiederholungen.*

*Für die richtige Anwendung von Rechtschreibung, Grammatik und Zeichensetzung werden **vier Punkte** gegeben, die mithilfe des Fehlerindex errechnet werden (Rechtschreibung und Grammatik: ganze Fehler; Zeichensetzung: halbe Fehler). Das bedeutet, dass die Fehlermenge immer auf die Textlänge, d. h. die Wörterzahl, bezogen wird.*

Ereignisreiche Abschlussfahrt — Treffende Überschrift

Eine unvergessliche Woche voller Gruppenerlebnisse und neuer Eindrücke erlebten rund neunzig Schülerinnen und Schüler des Jahrgangs 10 der Bertha-von-Suttner-Schule Nidderau, die mit ihren Lehrkräften den Gardasee in Italien zum Ziel ihrer Abschlussfahrt im Juni gewählt hatten. — Einleitung / Lead · Kurze Zusammenfassung der wichtigsten Informationen

Trubel herrschte am Sonntagabend auf dem Busparkplatz der Schule, denn nahezu alle 93 Schülerinnen und Schüler der vier Abschlussklassen, die sich für die Reise in den Süden angemeldet hatten, wurden von ihren Eltern, Geschwis- — Hauptteil · Antworten auf W-Fragen: • Was? Abschlussfahrt

tern und auch Freunden begleitet, die ihre „Urlauber" gebührend verabschieden wollten. Pünktlich gegen halb zehn rollten die beiden Reisebusse auf den Parkplatz. Nachdem die großen Koffer im Bauch der Busse verstaut waren und die Jugendlichen, ausgestattet mit Proviant, Kuscheltieren, Schlafkissen und natürlich frisch aufgeladenen Smartphones, ihre Plätze eingenommen hatten, ging es los.

Wer? 93 Schüler der 10. Klassen, Lehrkräfte
Wann? 5 Tage ab Sonntagabend
Wohin? Gardasee
Wie? Mit dem Bus

Zunächst herrschte ausgelassene Fröhlichkeit im Bus, doch hinter Würzburg, wo ein Fahrerwechsel vorgenommen wurde, breitete sich allmählich die Müdigkeit unter den Zehntklässlern aus. Einer nach dem anderen sank in tiefen Schlaf, und manch einer der Jugendlichen musste in den Lenkpausen, zu denen die Busfahrer verpflichtet sind, wachgerüttelt werden. Nur wenig Ruhe fanden hingegen diejenigen, die aufgrund ihrer Körperlänge keine bequeme Schlafposition finden konnten und vergeblich versuchten, ihre Wirbelsäulen so zu falten, knicken oder zu verdrehen, dass sie sich in die schmalen Sitze schmiegen konnten. Doch alle Qualen waren vergessen, als im Morgengrauen der Brennerpass zwischen Tirol in Österreich und Südtirol in Italien erreicht war. Die Frühstücksbrötchen und Kaffeespezialitäten in der Raststätte hatten schon italienische Namen, und die angenehmen Außentemperaturen signalisierten eindeutig: Wir sind im Süden!

Vertiefende Informationen zur Reise

Bevor das endgültige Ziel, eine Hotelanlage nahe des Ortes Garda erreicht war, machte die Gruppe einen letzten Zwischenstopp am Supermarkt, denn für die kommenden Tage war Selbstverpflegung angesagt. Versorgt mit der notwendigen Grundausstattung wie Nudeln, Ketchup, Nutella, Schokoriegeln, Gummibärchen, Keksen, Chips und verschiedenen Getränken für alle Geschmäcker und Vorlieben erreichte die Gruppe nach rund zwölf Stunden Fahrt gegen zehn Uhr das Hotel. Bis die Zimmer am Nachmittag bezogen werden konnten, vertrieben sich die Jugendlichen bei schönstem Wetter die Zeit am Pool, holten versäumten Schlaf nach oder spielten Fußball. Der Rest des Tages war ausgefüllt mit Zimmerverteilung, Kochen, Essen und einem gemeinsamen abendlichen Ausflug in das Städtchen Garda, rund eine halbe Stunde Fußweg vom Hotel entfernt.

Ankunft

Erste Erkundungen der Umgebung

Am nächsten Tag ging es mit dem Bus nach Verona, wo zunächst die weltberühmte Arena besichtigt wurde. Nach einem Spaziergang durch die malerische Altstadt Veronas und einem Abstecher in die „Casa di Giulietta" mit dem berühmten Balkon im Innenhof, wo sich Romeo und Julia angeblich ihre ewige Liebe schworen, ging es zurück zu den Bussen und anschließend wieder in die Hotelanlage bei Garda.

Ausflugsprogramm:

• Verona

Am nächsten Tag stand der Höhepunkt der Abschlussreise auf dem Programm: Der Ausflug nach Venedig. Nach knapp zweistündiger Busfahrt erreichte die Gruppe die auf einer Insel vor der Stadt gelegenen Parkplätze und charterte vor Ort einen Vaporetto, wie Venedigs Wasserbusse genannt werden. Nach rund einer halben Stunde Fahrt durch den Canal Grande war das Ziel, die Anlegestelle unweit des Markusplatzes, erreicht. Jetzt hatten die Schülerinnen und Schüler Zeit, auf eigene Faust die Sehenswürdigkeiten der Stadt zu erkunden. Gesättigt von den unbeschreiblichen Eindrücken der Lagunenstadt fuhr die Gruppe am Nachmittag wieder per Boot und dann mit dem Bus zurück in die Unterkunft.

• Venedig

Der letzte Tag der Reise führte die Jugendlichen und ihre Begleiter ins Nachbarstädtchen Bardolino, wo ein bunter Markt zum Schlendern und Einkaufen einlud. Der Nachmittag konnte dann mit Sport, Spiel und Entspannung am sonnigen Pool verbracht werden, bevor es ans Aufräumen und Packen ging. Ein gemeinsames Abendessen in einer Pizzeria in Garda bildete den Abschluss der Reise, denn schon am nächsten Tag musste wieder die Heimreise angetreten werden. Alle beteiligten Jugendlichen sowie ihre Lehrkräfte waren sich einig: „Das war eine tolle Abschlussfahrt!"

• Bardolino

Schluss
Positives Fazit

b) ✏ **Hinweis:** *Für Touristen ist es angenehm, wenn in ihrem Urlaubsort alles so ist, wie sie es sich wünschen. Welche Vor- und Nachteile es für die Einheimischen hat, dass ihr Ort oder Land ein beliebtes Reiseziel ist, soll in dieser Aufgabe diskutiert werden. Der Arbeitsauftrag ist so formuliert, dass du verschiedene Aspekte des Themas (Wohlstand, Umwelt) berücksichtigen musst.*

*In der **Einleitung** greifst du die Fragestellung auf und führst zum Thema hin, vielleicht mit einem Beispiel oder einem Zitat. Anschließend stellst du im **Hauptteil** die Vorteile des Tourismus für die Einheimischen den Nachteilen gegenüber und unterstützt deine Aussagen mit konkreten Beispielen. Im **Schlussteil** stellst du deinen eigenen Standpunkt dar mit dem für dich überzeugendsten Argument und formulierst ein Fazit, das heißt ein Ergebnis deiner Gedankenführung.*

*Für Aufbau und Inhalt gibt es bis zu **24 Punkte**. Achte beim Schreiben aber auch auf die sogenannte Sprachangemessenheit, die mit bis zu **12 Punkten** bewertet wird. Dazu gehören die Verwendung der richtigen Zeitform (d. h. hier das **Präsens**), treffende Formulierungen, passende Wortwahl, abwechslungsreicher Satzbau und Vermeidung von Wiederholungen.*

*Für die richtige Anwendung von Rechtschreibung, Grammatik und Zeichensetzung werden **vier Punkte** gegeben, die mithilfe des Fehlerindex errechnet werden (Rechtschreibung und Grammatik: ganze Fehler; Zeichensetzung: halbe Fehler). Das bedeutet, dass die Fehlermenge immer auf die Textlänge, d. h. die Wörterzahl, bezogen wird.*

Unser Geld und unser Dreck –	Überschrift
Was bringt der Tourismus den Einheimischen?	
„Im Sommer fahre ich ans Mittelmeer, im Winter geht's	**Einleitung**
zum Skifahren in die Berge. Und zwischendurch gibt's an	Fiktives Zitat
verlängerten Wochenenden noch die ein oder andere Städte-	
tour." Für viele von euch ist es inzwischen selbstverständ-	
lich, mit den Eltern ein- oder zweimal im Jahr zu verreisen,	
sich in schönen Landschaften zu erholen oder die Sehens-	Überleitung zum
würdigkeiten der Welt auf Kurztrips zu erkunden. Aber wer	Thema,
hat sich schon einmal überlegt, was es für die Einheimischen	Aufgreifen der
bedeutet, dass sie ihr Zuhause mit Gästen aus aller Welt	Fragestellung
teilen müssen?	
Zunächst haben sie natürlich Vorteile, denn Touristen brin-	**Hauptteil**
gen Geld. Sie müssen schlafen und essen, wollen Ausflüge	Vorteile des
machen und Andenken kaufen, bezahlen für Sport, Unterhal-	Tourismus für die
tung und Kultur. Das bedeutet, dass in Hotels und Pensionen	Einheimischen

D 2015-10

Arbeitsplätze entstehen, Busunternehmer und Ladenbesitzer genauso wie die Betreiber von Skiliften, Wellnessparks und Museen mehr Kundschaft und damit mehr Einkommen haben.

Und dabei bleibt es meistens nicht. Denn Touristen sind Komfort gewöhnt und erwarten ihn auch im Urlaubsort. So wollen sie z. B. auf bequemen Straßen und Wegen die Sehenswürdigkeiten vor Ort erkunden, überall Erfrischungen kaufen, täglich warm duschen und natürlich moderne Kommunikationsmittel nutzen. Weil die Reiseländer ein großes Interesse daran haben, dass ihre Gäste wiederkommen, wird das Geld, das diese am Urlaubsort lassen, nicht nur in den Ausbau der touristischen Einrichtungen investiert, sondern z. B. auch in die Verbesserung der Verkehrswege wie Straßen und Flugplätze, der Energie- und Wasserversorgung oder der Internetverfügbarkeit. Das heißt, neben den Arbeitsplätzen im Tourismus selbst entstehen auch welche in anderen Wirtschaftszweigen und die Infrastruktur insgesamt wird positiv beeinflusst.

So kann der Tourismus nicht nur den Wohlstand Einzelner, sondern auch die Entwicklung eines Landes, einer Region oder einer Stadt unterstützen. Doch ist ein Land, eine Gegend oder eine Stadt als Reiseziel besonders beliebt, zeigen sich schnell die Nachteile, die dieses wirtschaftliche Wachstum begleiten.

Wer schon einmal die mit Hotelanlagen zubetonierten Küsten am Mittelmeer gesehen hat oder in den Menschenmassen auf dem Markusplatz in Venedig feststeckte, kann die Einheimischen eigentlich nur noch bedauern. Bis spät in die Nacht ziehen gutgelaunte Touristen mit lautem Gegröle durch malerische Altstadtgässchen und entlang der Strandpromenaden, lassen Zigarettenkippen und leere Flaschen liegen und finden nichts dabei, öffentliche Anlagen als Toiletten zu benutzen.

Zusätzlich leidet die Umwelt unter dem Menschenansturm aus aller Welt. Für Abfallberge, die es ohne Touristen nicht gäbe, müssen Entsorgungsmöglichkeiten geschaffen werden. Nicht nur Hotels und ihre Zufahrtswege, sondern auch Müll-

Randbemerkungen:
- Arbeitsplätze, Wohlstand
- Beispiele
- Verbesserung der Infrastruktur
- Beispiele
- Überleitung: Kehrseite der wirtschaftlichen Entwicklung
- Nachteile des Tourismus für die Einheimischen
- Lärm und Dreck durch Menschenmassen
- Ökologie/Umwelt
- Beispiele

D 2015-11

deponien entstehen, wo früher grüne Natur war. Die Tier-
und Pflanzenwelt leidet unter den Abgasen des zusätzlichen
Verkehrsaufkommens, die Flüsse, Meere und Seen unter den
Abwässern, die noch immer zum Teil ungeklärt eingeleitet
werden. In Wintersportgebieten zieht der Skibetrieb in den
Bergen mit Liften und Zufahrtswegen einen großen Land-
schaftsverbrauch nach sich. Für neue Pisten werden ganze
Berghänge planiert, was langfristig dazu führt, dass nicht
nur das Landschaftsbild zerstört wird, sondern auch die La-
winengefahr steigt, weil die schützende Pflanzendecke fehlt.
Ich bin der Meinung, dass der Tourismus auf lange Sicht gesehen den Einheimischen mehr Nachteile als Vorteile bringt,
denn auch wenn das Geld der Touristen zur Entwicklung der
Reiseländer beiträgt, werden die natürlichen Strukturen dabei stark geschädigt oder zerstört. Natürlich muss niemand
ganz aufs Reisen verzichten, doch sicher ist es möglich, Reiseziel und -programm so zu wählen, dass man nicht zur weiteren Naturzerstörung beiträgt. Wenn ihr also in Zukunft eine
Klassenfahrt oder Ferienreise plant, berücksichtigt auch die
Folgen für Zielland oder -ort und seine Bewohner. So könnte
man z. B. Flugreisen vermeiden und solche Unterkünfte wählen, die sich dem „sanften" Tourismus verschrieben haben.
Dabei muss man möglicherweise Abstriche beim gewohnten
Komfort in Kauf nehmen, aber zum Reisen gehört ja schließlich auch, neue Erfahrungen zu machen.

**Fazit /
eigene Meinung**
Mehr Nachteile für
Einheimische

Forderung nach be-
wussten Reisen

Beispiele

Abschlussprüfung Deutsch an Realschulen in Hessen 2015
Text 2

Teil I: Lesen

1. a) [X] ihre Freundschaften.

   Hinweis: vgl. Z. 4–13

   b) [X] offenen Austausch von Problemen

   Hinweis: vgl. Z. 30–38

   c) [X] zu einer höheren Ausschüttung von Hormonen.

   Hinweis: vgl. Z. 50–54

   d) [X] persönliche Treffen.

   Hinweis: vgl. Z. 184–189

   Bei den Multiple-Choice-Aufgaben (1 bis 3) ist immer nur genau eine Lösung richtig. Wenn du mehr als eine Möglichkeit ankreuzt, gibt es für die jeweilige Aufgabe keinen Punkt.

2. a) [X] offen über intime Angelegenheiten zu sprechen.

   Hinweis: Wer sich offenbart, gibt anderen Einblicke in sein Gefühlsleben.

   b) [X] sich Männer in Krisensituationen gern zurückziehen.

   Hinweis: „Isolieren" ist ein anderes Wort für „sich abkapseln". Damit ist gemeint, dass Männer es vermeiden, über ihre Sorgen zu reden, und sich stattdessen zurückziehen.

   c) [X] Probleme und Schwierigkeiten geht.

   Hinweis: Ein Defizit ist ein Mangel. Wenn Frauen in einer Beziehung etwas fehlt, um sich glücklich zu fühlen, vertrauen sie sich ihren Freundinnen an.

3. a) [X] Nur A und B stehen im Text.

   Hinweis: A: Z. 61 f.; B: Z. 75 ff.

   b) [X] Nur B steht im Text.

   Hinweis: B: z. B. Z. 13 f., 135 ff.

D 2015-13

4.

Zitat	Sprachliches Mittel
„Nur Katharina." (Z. 9)	Ellipse
„Das geht gut, solange alles gut geht ..." (Z. 87)	Tautologie
„Sie prahlten gern mit Erfolgen und redeten Schwierigkeiten klein." (Z. 114 f.)	Antithese
„Nur so lange interessant zu sein, wie man dem anderen nützt." (Z. 157 f.)	Ellipse

*Hinweis: Ist ein **Satz unvollständig**, fehlt ihm also ein Satzteil, handelt es sich um eine **Ellipse**. Im ersten Beispiel ist der Satz auf ein Subjekt (Katharina) und ein Adverb (nur) reduziert. Es fehlt mindestens das Prädikat (konjugiertes Verb). Korrekt bzw. vollständig könnte der Satz z. B. heißen: „Nur Katharina **ist ihre Freundin.***"

*Die zweite Ellipse (Zitat 4) ist ein erweiterter Infinitiv („zu sein"), gefolgt von einem Nebensatz. Es fehlt aber ein voran- oder nachgestellter Hauptsatz (und mit ihm ein Prädikat), auf den sich der Infinitiv innerhalb der Satzkonstruktion beziehen könnte. Korrekt bzw. vollständig könnte der Satz z. B. heißen: „**Aber jeder hat wohl schon die bittere Enttäuschung in einer Freundschaft erlebt**, nur so lange interessant zu sein, wie man dem anderen nützt."*

*Als **Tautologie** bezeichnet man eine Doppelaussage: Der gleiche Gedanke wird mit denselben oder inhaltlich gleichbedeutenden Wörtern wiederholt („doppelt gemoppelt"). Damit wird die Wirkung der Aussage verstärkt.*

*Wenn innerhalb einer Sinneinheit ein **Gegensatz** (hier: prahlen/kleinreden) beschrieben wird, spricht man von einer **Antithese**.*

5.

Textstelle	Merkmal
Zeile 1–14	E
Zeile 30–33	D
Zeile 102–105	C
Zeile 182–184	A

*Hinweis: Zu Textstelle 1: Wird der Leser einer Reportage durch eine szenische Beschreibung unmittelbar in das Geschehen hineinversetzt, spricht man von einem **erlebnisorientierten Einstieg**.*

D 2015-14

Zu Textstelle 2: *Hier wird der Psychologe Jaap Denissen von der Universität Tilburg zitiert, somit handelt es sich um eine **Expertenmeinung**.*

Zu Textstelle 3: *Die Ergebnisse einer amerikanischen Studie in Form von Fakten und Zahlen („viermal höher") werden wiedergegeben, deshalb ist C, **Hintergrundwissen**, richtig.*

Zu Textstelle 4: *Im letzten Abschnitt der Reportage drückt der Autor seine eigenen Schlussfolgerungen und seine persönliche Meinung zum Thema „wahre Freundschaft" aus, erkennbar z. B. am Adverb „offenbar" (**Autorenkommentar**).*

6. ✏ *Hinweis: „Nenne" bedeutet, dass du direkt aus dem Text zitieren oder mit eigenen Worten die passenden Textstellen wiedergeben kannst. Du brauchst die gewählten Textstellen nicht zu erklären oder zu interpretieren.*

   Mögliche Lösungen (drei erforderlich):
   - „Im Kern ist Freundschaft immer eine positive Beziehung, in der sich beide Seiten guttun und helfen, wenn es nötig ist." (Z. 25–27)
   - Freundschaft hilft, Stress abzubauen und stärkt das Immunsystem. (Z. 39–42)
   - „Wer Freunde hat, lebt im Schnitt besser und länger." (Z. 42 f.)
   - Freundschaften beschleunigen den Genesungsprozess, z. B. bei einem Herzinfarkt. (Z. 47–49)

7. ✏ *Hinweis: Die Anweisung „darstellen" bedeutet, dass ein im Text beschriebener Sachverhalt oder Zusammenhang gut verständlich und sachlich formuliert werden soll. Die Reportage thematisiert unter anderem, wie unterschiedlich sich Frauen und Männer in Freundschaften verhalten. Wenn du drei der Unterschiede in eigene Worte fasst, gibt es jeweils einen Punkt. Zitate sind nicht notwendig.*

   Mögliche Lösungen (drei erforderlich):
   - Frauen können sich leichter auf enge und vertrauensvolle Beziehungen einlassen. (Z. 73 ff.)
   - Statt sich in Lebenskrisen einen Vertrauten zu suchen, neigen Männer dazu, sich zu isolieren. (Z. 99 ff.)
   - Die Selbstmordrate nach einer Trennung ist bei Männern viermal so hoch wie bei Frauen. (Z. 102 ff.)
   - Männer sprechen untereinander zwar über ihre Erfolge, aber sie verschweigen Probleme und Niederlagen. (Z. 113 ff.)
   - Frauen fällt es leichter, über private und sogar intime Themen zu sprechen. (Z. 115 ff.)

8. *Hinweis: Bei einer Erklärung wird von dir erwartet, dass du einen Sachverhalt oder Zusammenhänge auf der Grundlage deines eigenen Wissens und deiner eigenen Erfahrungen ausführlich erläutern sollst. Ein direkter Textbezug zu der Reportage muss dabei nicht erkennbar sein. Du bekommst zwei Punkte für die schlüssige Erklärung des Sprichwortes und zwei weitere für ein passendes Beispiel.*

Das Sprichwort sagt aus, dass gute Freunde einander das Gefühl geben, mit ihren Problemen nicht allein zu sein. Denn wenn man mit jemandem befreundet ist, bedeutet das, dass man die Persönlichkeit dieses Menschen mit all ihren Stärken und Schwächen kennt und akzeptiert. Ein guter Freund merkt also sofort, wenn es dem anderen schlecht geht, und versucht alles, um ihm bei der Lösung seiner Probleme zu helfen. Er macht die Sorgen des Freundes gewissermaßen zu seinen eigenen, trägt sie also auf seinem Rücken. Manchmal reichen dazu schon Trost und Anteilnahme des Vertrauten, etwa bei Liebeskummer. Aber auch, wenn es in der Schule nicht gut läuft, können Freunde eine große Hilfe sein. So unterstützen sie sich gegenseitig, wenn z. B. der Lehrer davon überzeugt werden muss, eine bessere Note zu geben, um doch noch den notwendigen Durchschnitt zu erreichen. Ebenso ist bei Problemen in der Familie der Freund der beste Ansprechpartner, weil er die Verhältnisse kennt und Ratschläge geben kann.

9. *Hinweis: Die Arbeitsanweisung „Begründe" erfordert von dir, die Aussage des Psychologen durch nachvollziehbare Argumente zu stützen oder sie zu widerlegen. Ausschlaggebend für die Bewertung ist also nicht, welche Meinung du vertrittst, sondern wie überzeugend du sie begründest. Die volle Punktzahl erhältst du für eine schlüssige Begründung mit realistischen Argumenten. Wenn du der Aussage bloß zustimmst oder sie nur ablehnst, aber keine Gründe dafür anführst, gibt es keinen Punkt.*

Mögliche Lösungen (eine erforderlich):
– Zustimmung:
  Ich stimme der Meinung des Psychologen Jaap Denissen zu. Computer und Smartphones ermöglichen es, nahezu weltweit und jederzeit Bekannte in sozialen Netzwerken zu kontaktieren. Früher hat man sich nach Beendigung der Schul- oder Ausbildungszeit fast zwangsläufig aus den Augen verloren, wenn man z. B. beruflich in eine andere Stadt gezogen ist. Durch Chatten und Skypen, Mails und Kurznachrichten dagegen kann man Beziehungen und Kontakte auch dann noch pflegen, wenn persönliche Treffen nur schwer zu organisieren sind. Selbst wenn man etwa durch einen stressigen Job kaum

Zeit für lange Mails oder Telefonate hat, kann man durch einen Klick auf die Profilseite eines Freundes schnell und unkompliziert erfahren, wie es demjenigen gerade geht und was es bei ihm Neues gibt. Dank Fotos oder Videos kann man sich sogar ein Bild davon machen.

– Ablehnung:
Ich kann der Meinung des Psychologen Jaap Denissen nicht zustimmen. Für eine freundschaftliche und vertraute Beziehung ist persönliche Nähe eine wichtige Voraussetzung. Die wahren Gefühle des anderen kann man nur erkennen, wenn man sich gegenseitig in die Augen sieht und die unverfälschte Stimme hört. Zudem hat man beim persönlichen Kontakt die Gelegenheit für körperliche Zuwendung und kann sich z. B. auch einmal in die Arme nehmen. Durch die Zeit, die man sich für reale Treffen nimmt, zeigt man außerdem, wie wichtig einem die andere Person ist. Kontakte in sozialen Netzwerken hingegen sind meist schnell und flüchtig und beschränken sich auf eher oberflächliche Mitteilungen, kurze Statusmeldungen und Ähnliches. Sie können die zeitweise Abwesenheit eines Freundes zwar überbrücken, menschliche Nähe jedoch nicht ersetzen.

10. *Hinweis: Wenn du etwas erläutern sollst, wird dein Textverständnis geprüft. Enthält die gewählte Textstelle wie in diesem Beispiel Fachbegriffe oder Fremdwörter, müssen sie im Textzusammenhang mit eigenen Formulierungen erklärt werden. Dabei kommt es auf sachliche Richtigkeit und inhaltliche Genauigkeit an. Damit deine Erläuterung besonders anschaulich wird, kannst du ein Beispiel einbauen – du musst aber nicht. Für eine zutreffende Erläuterung, die beide Teile des Begriffs einbezieht, gibt es sechs Punkte. Erläuterst du nur einen der beiden Begriffe, gibt es auch nur drei Punkte.*

Eine Kalkulation ist eine Berechnung, Ausschnitte sind Teile eines Ganzen. Der Autor will mit der Wendung ausdrücken, dass es schwer ist, seine Mitmenschen einzuschätzen, weil jeder nur Teile seiner Persönlichkeit offenbart. Abhängig von der Situation und dem jeweiligen Gegenüber versucht man, seine guten Seiten besonders vorteilhaft zur Geltung zu bringen und die weniger guten nicht zu zeigen. Man „berechnet" also im Kontakt mit anderen mehr oder weniger bewusst, welche Eigenschaften, Fähigkeiten, Kenntnisse oder Interessen jeweils geeignet sind, um dem Gegenüber ein möglichst vorteilhaftes Bild von sich zu vermitteln. Wenn ich mich z. B. in der Clique an einer riskanten Aktion beteilige, will ich damit zeigen, dass ich mutig bin, und verschleiere gleichzeitig, dass ich mir insgeheim vielleicht doch etwas Sorgen mache.

D 2015-17

Teil II: Schreiben

II.A: Textproduktion (Wahlaufgabe)

a) 🖊 *Hinweis: Beim Argumentieren kommt es auf Überzeugungskraft an. Die erzielst du nicht nur durch schlagkräftige Argumente und Begründungen, sondern auch durch die Anreicherung dieser mit anschaulichen Beispielen. Da dein Text eine Stellungnahme sein soll, wird erwartet, dass du eindeutig Position beziehst. In der **Einleitung** greifst du am besten die Fragestellung aus dem Thema auf. Für den **Hauptteil** musst du dich entscheiden: Sind Freundschaften oder familiäre Beziehungen wichtiger für Jugendliche? Du kannst auch den Standpunkt vertreten, dass beides gleich wichtig ist, aber auch dann musst du überzeugend argumentieren und Beispiele zur Veranschaulichung heranziehen.*

*Im **Schlussteil** formulierst du ein Fazit, das heißt ein Ergebnis deiner Gedankenführung. Vermeide es, am Schluss noch einmal neue Argumente anzuführen, sondern wiederhole nur noch einmal kurz das für dich wichtigste Argument aus dem Hauptteil.*

*Laut Aufgabenstellung sollst du für ein **jugendliches Publikum** schreiben. Es ist also wichtig, dass du dich im Hinblick auf die Sprache (etwas Umgangssprache ist erlaubt) und bei den gewählten Beispielen darauf einstellst. Du kannst die Leser der Broschüre gelegentlich auch direkt ansprechen.*

*Für Aufbau und Inhalt gibt es bis zu **24 Punkte**. Achte beim Schreiben aber auch auf die sogenannte Sprachangemessenheit, die mit bis zu **12 Punkten** bewertet wird. Dazu gehören die Verwendung der richtigen Zeitform (hier: **Präsens**), treffende Formulierungen, passende Wortwahl, abwechslungsreicher Satzbau und die Vermeidung von Wiederholungen.*

*Für die richtige Anwendung von Rechtschreibung, Grammatik und Zeichensetzung werden **vier Punkte** gegeben, die mithilfe des Fehlerindex errechnet werden (Rechtschreibung und Grammatik: ganze Fehler; Zeichensetzung: halbe Fehler). Das bedeutet, dass die Fehlermenge immer auf die Textlänge, d. h. die Wörterzahl, bezogen wird.*

Nicht ohne meine Freunde	Überschrift
Wer erinnert sich noch an den letzten Urlaub mit der Familie? Habt ihr es genossen, keuchend und fernab von jedem Handyempfang hinter den Eltern her steile Alpenpfade zu erklimmen? Wie cool war es, mit den kleinen Geschwistern am Ostseestrand Sandburgen zu bauen? Und gab es euch den ultimativen Kick, jeden Morgen zwischen geschwätzi-	Einleitung direkte Ansprache der Leserschaft, Hinführung zum Thema (überspitzte Situationsbeschreibung)

D 2015-18

gen Rentnern und jaulenden Kleinkindern am Frühstücks-
buffet Schlange zu stehen? Mal ehrlich: Was habt ihr in den
Ferien am meisten vermisst? Und zwar so sehr, dass ihr das
Ende der Ferien geradezu herbeigesehnt habt? Die Schule
sicher nicht, aber mit großer Wahrscheinlichkeit die Menschen, die euch tagtäglich das Schulleben erträglich machen
und die euch besser kennen als irgendjemand anders, näm-
lich eure Freunde! Bedeutet das, dass Freunde wichtiger sind *(Fragestellung)*
als die Familie?

Der am Anfang beschriebene „Urlaubshorror" zeigt, dass *(**Hauptteil**)*
diese Frage bis zu einem bestimmten Alter recht eindeutig *(Stellungnahme zur Fragestellung:)*
zu beantworten ist: Bis mindestens in die Grundschulzeit löst *(Bedeutung der Familie für Kinder)*
das Klettern in den Bergen, das Buddeln am Strand, der Ho-
telurlaub mit der ganzen Familie Begeisterung aus und wird
nicht infrage gestellt. Bei allen anfallenden Problemen sind
Eltern und Geschwister die Ansprechpartner Nummer eins.
Ob es um Streit unter Spielkameraden geht, Schulprobleme, *(Beispiele)*
Fragen des Outfits oder gemeinsame Unternehmungen in der
Freizeit und den Ferien – solange man nicht älter als zehn,
elf oder auch zwölf ist, stellt die Familie eine Art Schutzraum dar, in dem sich der Alltag abspielt. In diesem herr-
schen klare Vorgaben, Regeln und Abläufe, die Sicherheit
bieten und akzeptiert werden, solange man noch ein Kind ist.
Und dann ist plötzlich alles anders: Mit Beginn der Pubertät *(Zunehmende Be-deutung der Freunde für Jugendliche)*
erscheinen den meisten Jugendlichen all diese Regeln auf
einmal wie ein Gefängnis. Und was noch schlimmer ist, die *(• Abgrenzung von Erwachsenen, Wunsch, bei Gleich-altrigen dazuzu-gehören)*
Eltern scheinen nicht zu verstehen, dass man kein Kind mehr
ist und auch nicht so behandelt werden will. Jugendliche
wollen sich abgrenzen von der Erwachsenenwelt, sich aus-
probieren und ihre eigene Persönlichkeit entwickeln. Dazu
gehört z. B., dass in Kleiderfragen der Rat der Freunde auf *(Beispiel)*
einmal mehr zählt als die Geschmacksvorgaben aus dem El-
ternhaus. Man will cool sein und dazugehören. Da kommt es
für die meisten nicht infrage, sich Outfit und Haarschnitt von
den Eltern diktieren zu lassen. Denn Akzeptanz von Gleich-
altrigen bekommt man nicht, wenn man sich als Muttersöhn-
chen outet, dem Mami die Jeans aussucht und die Chucks
verbietet.

Auch ihre Freizeit wollen Jugendliche selbstbestimmt gestalten. Ihre Interessen stimmen auf einmal nicht mehr automatisch mit denen von Mama und Papa überein und so lassen sie sich zum Sonntagsausflug mit den Eltern oder dem Besuch bei der Oma immer schwerer überreden. Lieber treffen sie sich mit der Clique, um etwas zu unternehmen oder einfach nur „abzuhängen". Stundenlang gemeinsam die Lieblingsmusik hören, den Nachmittag lang mit dem Board auf der Halfpipe skaten oder bei der Rocknacht im Jugendzentrum mitmischen – in der Gruppe fühlt man sich verstanden und aufgehoben. Ganze Nächte kann man als Jugendlicher am PC oder Handy verbringen, um mit der „Community" den neuesten Klatsch auszutauschen. Und die Urlaubsreisen mit den Eltern erscheinen plötzlich öde, weil man dann die Gesellschaft der Gleichaltrigen vermisst.

- Selbstbestimmte Freizeitgestaltung

Beispiele

Die wichtigste Rolle übernehmen Freunde jedoch, wenn eine Vertrauensperson gebraucht wird. Hat in der Kindheit die liebevolle Umarmung eines Eltern- oder Großelternteils über Angst, Trauer und Schmerzen hinweggeholfen, so verschließen sich viele Jugendliche in Lebenskrisen den eigenen Eltern und suchen Trost und Beistand im Freundeskreis. Die Freunde ersetzen zunehmend die Familie, weil man das Gefühl hat, dass die anderen Jugendlichen die gleichen Sorgen und Probleme haben wie man selbst und sich deshalb von ihnen besser verstanden fühlt. Während der Abstand zur Erwachsenenwelt mit ihren Forderungen, Regeln und hohen Erwartungen vielen Jugendlichen zunehmend unüberbrückbar erscheint und manchen sogar Angst macht, sind die Gefühlswelten der Gleichaltrigen auf derselben Wellenlänge. So kann man mit den Freunden besser über Liebeskummer, Schulängste und Familienprobleme reden, weil sie alle ähnliche Erfahrungen machen oder gemacht haben oder die gleichen Wünsche und Sehnsüchte haben.

- Vertrauenspersonen mit gleichen Erlebnissen und Erfahrungen

Beispiele

Trotz dieser großen Bedeutung, die Freunde zweifellos für Jugendliche haben, bin ich der Meinung, dass auch die Familie wichtig bleibt. Sie tritt zwar im Jugendalter meist für einige Jahre in den Hintergrund; doch der Schutzraum, den sie einem als Kind gegeben hat, geht nicht verloren. Ich bin

Schluss
Fazit: Freunde für Jugendliche sehr wichtig, Familie bleibt aber als dauerhafter Zufluchtsort

D 2015-20

überzeugt davon, dass alle Jugendlichen das mehr oder weniger bewusst spüren und sicher sind, dass sie sich in Notfällen auf diesen Schutzraum verlassen können.

b) *Hinweis:* *Beschreiben bedeutet hier, die Organisation, Funktionsweise und die Möglichkeiten von sozialen Netzwerken so genau und ausführlich darzustellen, dass die (ältere) Leserschaft sie verstehen und ggf. selbstständig anwenden kann.*

*Die Textsorte „Beschreibung" ist klar gegliedert in eine **Einleitung**, die kurz darauf eingeht, was eigentlich beschrieben werden soll, z. B. welche sozialen Netzwerke es gibt und wie sie heißen.*

*Der **Hauptteil** geht auf den Sachverhalt „Soziale Netzwerke" mit seinen Gesetzmäßigkeiten, Besonderheiten und Auffälligkeiten ein, und zwar wie bei einer Bild- oder Personenbeschreibung vom Gesamtgegenstand ausgehend immer weiter ins Detail (technische Hilfsmittel und Voraussetzungen, Möglichkeiten der Nutzung, Gefahren).*

*Der **Schlussteil** rundet die Beschreibung ab, z. B. mit praktischen Tipps oder einem allgemeinen Hinweis auf die Vorteile von sozialen Netzwerken besonders für ältere Menschen.*

*Die **Zielgruppe** deines Textes, Bewohner einer Seniorenwohnanlage, hat sicher Computererfahrungen, die sind aber nicht vergleichbar mit denen deiner Altersgruppe. Darauf musst du in deiner Ausdrucksweise und Wortwahl Rücksicht nehmen. Trotzdem sollten in deiner Beschreibung die richtigen Fachbegriffe auftauchen, ggf. mit Erläuterung.*

*Eine eigene Meinung oder Wertung gehört nicht in eine Beschreibung. Die korrekte **Zeitform** für diese Textsorte ist das Präsens (Gegenwart).*

*Für Aufbau und Inhalt gibt es bis zu **24 Punkte**. Achte beim Schreiben aber auch auf die sogenannte Sprachangemessenheit, die mit bis zu **12 Punkten** bewertet wird. Dazu gehören die richtige Verwendung der Zeitform, treffende Formulierungen, passende Wortwahl, abwechslungsreicher Satzbau und Vermeidung von Wiederholungen.*

*Für die richtige Anwendung von Rechtschreibung, Grammatik und Zeichensetzung werden **vier Punkte** gegeben, die mit Hilfe des Fehlerindex errechnet werden (Rechtschreibung und Grammatik: ganze Fehler; Zeichensetzung: halbe Fehler). Das bedeutet, dass die Fehlermenge immer auf die Textlänge, d. h. die Wörterzahl, bezogen wird.*

Netzwerke bieten viele Möglichkeiten

Seit einigen Jahren spielen soziale Netzwerke, auch „Social Networks" genannt, eine immer größere Rolle in unserer modernen Kommunikationsgesellschaft. Aber was verbirgt sich eigentlich hinter diesem Begriff?

Ein soziales Netzwerk kann man vergleichen mit einem Treffpunkt, der jederzeit und für alle, die Lust darauf haben, zugänglich ist, um sich miteinander auszutauschen. Der Unterschied zu einem wirklichen Treffpunkt besteht darin, dass es sich nicht um einen realen Ort handelt, sondern um eine Plattform im Internet, sodass die Begegnungen nicht persönlich, sondern virtuell stattfinden.

Weltweit sind rund um die Uhr Millionen von Menschen bei mindestens einem Netzwerk angemeldet. Neben dem bekanntesten Netzwerk Facebook gibt es MySpace, Twitter, Instagram, Google+ und zahlreiche weitere, die weniger bekannt sind. Für viele Menschen sind soziale Netzwerke ein fester Bestandteil ihres Lebens geworden, auf den sie nicht mehr verzichten wollen.

Warum ist es so attraktiv, Mitglied in einem solchen Netzwerk zu sein? Welche Möglichkeiten bieten die Netzwerke ihren Nutzern? Wer kann überhaupt Mitglied werden und wie?

Die letzten Fragen sind am einfachsten zu beantworten: Wer über einen Computer mit Internetanschluss verfügt, kann sich in einem sozialen Netzwerk registrieren. Die Anmeldung ist einfach und schnell erledigt. Man gibt auf der entsprechenden Internetseite seine persönlichen Daten ein, denkt sich ein Passwort aus und schon gehört man zur Gemeinschaft oder auch „Community" dazu und kann damit loslegen, sich mit anderen zu vernetzen.

Die meisten Nutzer geben, sobald sie Mitglied sind, außer ihrem Namen noch einiges mehr von sich preis, z. B. ihr Alter, ihren Familienstand, ihre Hobbys, bevorzugte Urlaubsorte, Lieblingsmusik und -filme und vieles andere. In der Sprache der Netzwerk-Gemeinden heißt das „ein Profil anlegen". Das Profil ist also die eigene, persönlich gestaltete Seite innerhalb des sozialen Netzwerks. Es hat den Vorteil, dass man als Nutzer schnell Gleichgesinnte im Netz finden kann. So bekommt man schnell Kontakt zu Menschen, die zu einem passen und die ähnliche Interessen, Vorlieben oder Ansichten haben wie man selbst. Doch es gibt noch mehr Möglichkeiten, die Netzwerke zu nutzen. Man kann über die Plattform zum Beispiel Nachrichten an Einzelpersonen versenden und empfangen und schnell und einfach Treffen vereinbaren. Geburtstagskarte vergessen? Kein Problem, denn per Netzwerk kommen die Glückwünsche garantiert pünktlich.

Auf der persönlichen Seite können außerdem eigene Fotos und Videos, zum Beispiel vom Urlaub oder der Familie, veröffentlicht werden. Andere Nutzer können diese dann kommentieren oder auch mit einem Klick ausdrücken, dass ihnen gefällt, was sie sehen. Das nennt man „liken".

Darüber hinaus ist es möglich, den anderen Mitgliedern einfach nur mitzuteilen, wie es einem gerade geht, wo man ist oder was man tut. Mit einem Mausklick informiert man auch weit entfernt wohnende Verwandte und Freunde über sein Leben und kann im Gegenzug an deren Alltag teilnehmen. Dabei erreicht man nicht nur einen Einzelnen wie z. B. am Telefon, sondern macht die Informationen für alle, die es interessiert und die man dafür zugelassen hat, gleichzeitig zugänglich.

Hat man alte Freunde oder Bekannte aus den Augen verloren? Soziale Netzwerke helfen auch, Freunde von früher wiederzufinden. So mancher Facebook-Neuling hat mit freudiger Überraschung festgestellt, welche Gefährten aus längst vergangenen Zeiten sich im Netz tummeln, und konnte die alten Kontakte wiederbeleben.

Bei den meisten Netzwerken sind alle diese Funktionen kostenlos. Es gibt aber auch einige, bei denen man einen Mitgliedsbeitrag entrichten muss. Wieder andere bieten einen Teil der Dienste gratis an, erheben aber für bestimmte Funktionen eine Gebühr.

Datenschützer sehen den sorglosen Austausch von privaten Bildern und persönlichen Informationen in den sozialen Netzwerken allerdings kritisch. „Das Netz vergisst nichts",

---

Seitenspalte:

Welche Möglichkeiten bieten soziale Netzwerke?
- Gleichgesinnte finden

- Text- und Bildnachrichten versenden, Termine vereinbaren

- Bilder und Videos mit anderen teilen

- Nähe schaffen durch Infos aus dem Alltag

- alte Freunde wiederfinden

Welche Kosten entstehen?

Welche Gefahren gibt es?

wird oft gemahnt. Das bedeutet, dass alle Informationen, die man in einem sozialen Netzwerk bekannt gibt oder öffentlich macht, in der Regel für immer irgendwo im Internet bleiben und für viele Menschen zugänglich sind – auch dann noch, wenn man es selbst vielleicht gar nicht mehr möchte. Darüber hinaus verliert man mit der Veröffentlichung persönlicher Daten und Informationen auch ein Stück weit die Kontrolle darüber: Man weiß nicht, wer z. B. die eigenen Bilder und Nachrichten sieht oder sie weiterverbreitet, sie wofür auch immer nutzt oder sogar Missbrauch mit ihnen treibt.

Trotz dieser Nachteile, was den Datenschutz betrifft, bieten soziale Netzwerke so viele Möglichkeiten und Vorteile, um Nähe zwischen Menschen zu schaffen und Kontakte zu pflegen, dass sie aus unserem Alltag nicht mehr wegzudenken sind. Gerade für ältere Menschen, die oft nicht mehr so mobil sind, bieten die sozialen Netzwerke die Möglichkeit, Einsamkeit und Isolation zu überwinden und per Computerbildschirm Kontakte zu pflegen, aufzubauen oder wiederherzustellen.

Schluss
Fazit: für ältere Menschen vor allem ein gutes Mittel gegen Einsamkeit

> **Abschlussprüfung Deutsch an Realschulen in Hessen 2015**
> **Sprachliche Richtigkeit**

II.B: Sprachliche Richtigkeit

1. ✒ *Hinweis: Einen halben Punkt bekommst du für jeden erkannten **und** korrigierten Fehler, falsche Lösungen führen nicht zu Punktabzug. Allerdings darfst du nicht mehr als zwölf Fehler markieren, weil sonst nur die ersten zwölf von dir erkannten Fehler gewertet werden. Wenn du einen Fehler zwar erkennst, die von dir vorgeschlagene Korrektur aber nicht richtig ist, bekommst du keinen Punkt.*

Bei einem Erdbeben ~~wakelt~~ **wackelt**[1] die Erde für viele Sekunden oder auch Minuten. Erdbeben können unterschiedlich stark sein. Jährlich gibt es ~~fasst~~ **fast**[2] täglich zahlreiche Erdbeben**, (fehlendes Komma)**[3] doch die ~~meißten~~ **meisten**[4] sind kaum ~~spührbar~~ **spürbar**[5]. Manche bemerkt man nur leicht**, (fehlendes Komma)**[6] andere wiederum sind so stark, ~~das~~ **dass**[7] einzelne Häuser oder aber auch ~~gantze~~ **ganze**[8] Städte zerstört werden können. Die Erde besteht aus unterschiedlichen Schichten: dem glühend ~~heissen~~ **heißen**[9] Erdkern in der Erdmitte**, (fehlendes Komma)**[10] dem darauf liegenden Erdmantel und der Erdkruste auf der Erdoberfläche. Die Erdkruste ist in viele einzelne Erdplatten geteilt. Es gibt acht große und viele ~~Kleinere~~ **kleinere**[11] Platten. Sie sind ~~stendig~~ **ständig**[12] in Bewegung und wandern in verschiedene Richtungen.

Abgewandelter Text nach: http://www.tivi.de/fernsehen/logo/artikel/10035/index.html, ZDF, 23. 06. 2014; Im Original-Text sind keine Fehler enthalten.

✒ *Hinweis: 1) wackelt – ck nach kurzem Vokal a   2) fast – zwei unterschiedliche Konsonanten nach kurzem Vokal a, deshalb kein Doppelkonsonant („fasst" ist die 3. Pers. Sg. Präsens des Verbs „fassen", z. B. „Er fasst es nicht" → hier ausnahmsweise Doppelkonsonant vor weiterem Konsonanten, da das Doppel-s bereits in der Grundform vorhanden ist)   3) Komma zwischen **Haupt- und Nebensatz** (Nebensatz eingeleitet mit der nebenordnenden Konjunktion „doch" → Gegensatz)   4) meisten – trotz langem Vokal und scharfer Aussprache einfaches s, da ein weiterer Konsonant folgt; genauso z. B. bei „husten", „Leiste" (Ausnahme nur, wenn ß im Wortstamm, z. B. „heißen" → „er heißt")   5) spürbar – langer Vokal ohne Dehnungs-h wie in den verwandten Formen „spüren", „Spur"   6) Komma zwischen **zwei Hauptsätzen**   7) dass – Konjunktion, kein Austausch mit „welches", „dies", „jenes" möglich   8) ganze – einfaches z nach*

D 2015-25

vorhergehendem Konsonanten **9)** *heißen – Schreibung ß bei scharf gesprochenem s-Laut nach langem Vokal bzw. Doppellaut* **10)** *Komma bei* **Aufzählung** *von Worten oder Wortgruppen* **11)** *kleinere – Steigerungsform des Adjektivs „klein" (Wie sind die Platten?)* **12)** *ständig – von „beständig", ableitbar von „Bestand"/„Stand"*

2. ✏ **Hinweis:** *Es gibt für jede richtige Lösung einen Punkt. Kreist du mehr als vier Wörter ein, gibt es für die ganze Aufgabe null Punkte, selbst wenn richtige Lösungen dabei sind.*

a) Die Müllabfuhr kam ⟨Donnerstags⟩.

✏ **Hinweis:** *Zeitangaben mit einem s am Ende sind Adverbien und werden kleingeschrieben, z. B. „morgens", „samstags", „anfangs". Hier muss es also „donnerstags" heißen.*

e) Das ⟨rot⟩ in dem Gemälde stach sofort hervor.

✏ **Hinweis:** *Die Farbe wird hier als Nomen gebraucht, erkennbar am Artikel: „Das Rot ...".*

f) Die Kelten waren Meister im ⟨bearbeiten⟩ von Metall.

✏ **Hinweis:** *Hier verhält es sich ähnlich wie bei e): Durch den Artikel „im" (= „in dem") wird das Verb „bearbeiten" nominalisiert, das heißt, dass die Kelten Meister* **im Bearbeiten** *von Metall waren.*

k) Im ⟨allgemeinen⟩ endet die Schule vor den Ferien nach der dritten Stunde.

✏ **Hinweis:** *Auch hier handelt es sich um eine Nominalisierung. Es gibt einen versteckten Artikel („im" = „in dem")* **und** *es folgt kein (anderes) Nomen, auf das sich „allgemein" beziehen könnte. Deshalb muss es heißen: Im* **Allgemeinen** *endet ...*

3.

Satz	Begründung
Die Fußballstars gelten als taktisch klug, ausdauernd und sprintstark, deswegen zählt man sie zu den Favoriten.	E
Um zum Campingplatz zu gelangen, musste man den Feldweg nehmen.	A
Da ich den Regenschirm vergessen hatte, musste ich den Weg wieder zurückgehen.	C

Sie haben keine Angst im Schwimmbad, alle haben das Schwimmabzeichen erworben.	B
Ohne Angst zu haben, näherte er sich der Klippe.	A

Hinweis: Für jede richtige Zuordnung wird ein Punkt vergeben.
Satz 1: Zwischen Aufzählungen von Wörtern und Wortgruppen, die nicht durch „und" oder „oder" verbunden sind, wird ein Komma gesetzt.
Satz 2: Es handelt es sich hier um eine erweiterte Infinitivgruppe, erkennbar an dem Wörtchen „zu" und am fehlenden konjugierten Verb (es gibt nur die Grundform „gelangen"). Der erweiterte Infinitiv wird vom Rest des Satzes mit einem Komma abgetrennt.
Satz 3: Der kausale Nebensatz, eingeleitet durch die Konjunktion „da", ist dem Hauptsatz vorangestellt.
Satz 4: Hier werden zwei Hauptsätze durch ein Komma getrennt. Dass in dieser Konstruktion kein Nebensatz enthalten ist, erkennst du daran, dass in beiden Fällen das Prädikat an zweiter Stelle steht. Im Nebensatz muss es ans Ende.
Satz 5: Wie beim zweiten Satz enthält auch dieses Satzgefüge eine erweiterte Infinitivgruppe mit „zu" und diesmal der Grundform „haben".

4. *Hinweis: Nur richtig geschriebene Lösungen zählen! Vermeide also nach Möglichkeit Grammatik- oder Rechtschreibfehler, denn das würde zum Verlust des halben Punktes, den du für jede korrekte Form erhältst, führen. Schreibe nur die Lösung unter die eingeklammerte Form, den passenden grammatischen Fall brauchst du nicht zu nennen.*
Ermittle den jeweiligen Fall durch das Stellen der passenden Fragen: Wer oder was? (Nominativ), Wessen? (Genitiv), Wem? (Dativ), Wen oder was? (Akkusativ).

Der Briefwechsel zwischen **Freunden**[1] sollte als regelmäßiger Austausch geführt werden. Auf diese Art ist es möglich, **eine persönliche Beziehung**[2] trotz **einer räumlichen Entfernung**[3] zu pflegen. **Den Brief**[4] oder **die Karte**[5] kann der Empfänger beliebig oft lesen und dabei **den Sinn**[6] **der Worte**[7] wesentlich besser erfassen als bei **einem Telefonat**[8]. Umgangssprachliche und bildhafte Formulierungen beleben den Brief. So kann der Schreiber **seinen Gedanken und Gefühlen**[9] nachhaltig Ausdruck verleihen. Einer speziell **festgelegten äußeren Form**[10] folgt der Privatbrief nicht.

Hinweis: 1) Dativ 2) Akkusativ 3) Genitiv 4) Akkusativ 5) Akkusativ 6) Akkusativ 7) Genitiv 8) Dativ 9) Dativ 10) Dativ